Marion Jettenberger

267 Tage Seelenkollaps

Zum Leben zu sinnlos, zum Sterben zu kostbar

ein intimes Tagebuch über den Teufelskreis einer Lebenskrise, der Diagnose Depression, vielen Therapiesitzungen, E-Mails, Briefen, Arztbesuchen, einem drohenden Alkoholproblem, Ängsten, Panik… und zugleich vielen Fakten und Hilfestellungen

Manuela Kinzel Verlag

gewidmet all meinen Weg-Begleitern,
die mir in diesen 267 Tagen
immer wieder Sinn schenkten und mir zeigten,
wie kostbar ich ihnen bin und das Leben an sich ist,
und mich so durch diesen „Seelenkollaps“ hindurch
begleitet und getragen haben

VorWort(e)

Liebe Leserin, lieber Leser,

Sie halten hier eine Art Tagebuch, (m)ein Tagebuch, in den Händen: intime Tagebuch-Notizen, Protokolle über Therapiesitzungen, Arbeitsaufträge und sogenannte „Hausaufgaben", die mir von Therapeuten und Ärzten aufgetragen wurden, Selbsterfahrungen und Notizen, über den Gebrauch von Antidepressiva, exzessivem Alkoholgenuss, Gedächtnisprotokolle und Tagebucheinträge aus Erlebnissen im Alltag und im Ausnahmezustand, interessante Gesprächsnotizen, Gedichte, die in dieser Zeit entstanden sind, verschiedene E-Mails sowie Postkarten und Briefe von Bekannten und Freunden – all dies über eine harte, aber lehrreiche Phase in meinem Leben, 267 Tage in meinem 33. Lebensjahr, einem sogenannten Scheideweg des Lebens. Sicher haben Sie dieses Buch nicht zufällig gewählt, sondern kämpfen vielleicht selbst gerade mit einer Krise, oder haben einen solchen krisenhaften Wendepunkt selbst erleben müssen? Zwischen den Tagebucheinträgen finden sich alle Arbeitsaufträge von Ärzten und Therapeuten als auch meine eigenen „Rezepte" dafür, was mir gut tat und was mir (raus)geholfen hat. Probieren Sie es für sich selbst aus, ob es auch Ihnen hilft. Wenn dem so ist, dann geben Sie die Tipps weiter an Menschen, denen es ebenfalls nicht gut geht. Was aber noch viel wichtiger ist, legen

Sie sich selbst ein „Tage- oder Notizbuch“ an, um Ihre ganz eigenen individuellen Erfahrungen, Empfindungen und „Rezepte“ festzuhalten – und die wohl wichtigste Erkenntnis: Nehmen Sie sich, Ihre Empfindungen, Gefühle, Sorgen und Ängste ernst. Krisen und seelische Tiefs, oder gar Erkrankungen, werden bis heute noch nicht so ernst genommen wie körperliche Gebrechen. Ein sichtbar gebrochenes Bein, eingegipst, wird ernster genommen, eben wegen der sichtbaren „Behinderung“, dem Gips, den Krücken, während man für unsichtbare seelische Leiden oft wenig Mitgefühl von seiner Umwelt zu erwarten hat. Leider ist das bis heute noch so, auch wenn sich seit dem Suizid von Robin Williams und dem Geständnis zu solch seelischen Erkrankungen, wie Burnout oder Depressionen, auch noch anderer prominenter Menschen einiges getan hat.
Nehmen Sie also bei sich als auch bei Ihren Mitmenschen sowohl sichtbare als auch unsichtbare Leiden wahr und ernst und GEBEN SIE NIE AUF, egal welche Krise Sie heimtückisch von hinten überrollt.

Von Herzen alles Liebe und Gute für Sie!

Ihre Marion Jettenberger

wie ausgeknipst

aus
alles aus
wie ausgeknipst
einfach aus

aussichtslos
ausweglos
ausgebremst
aus

zappenduster
kein Licht
keine Hoffnung
kein Mut
keine Zuversicht
alles grau in grau
aus
einfach aus

wie ausgeknipst
wie gelähmt
wie eingefroren
wie nicht-lebendig
von heut auf morgen
von jetzt auf gleich
von 100 auf 0
sinnlos und dunkel
schwer und leer

aus
alles aus
wie ausgeknipst
einfach aus

ausgeknipst
... und...
nichts ist mehr wie zuvor!

Marion Jettenberger

EINS

Tagebuchschreiben als (Selbst)Therapie

Es ist ein sonniger Tag. Draußen. Ein Donnerstag, ein normaler Wochentag, an dem ich eigentlich immer arbeite. Ich sitze jedoch in einem Café, weil ich gleich einen Arzttermin habe und zu früh dran bin.

Dieses leere Büchlein hier hab ich mir heute Morgen gekauft. Es soll mich durch diesen schon viel zu lange anhaltenden „Alptraum“ begleiten, als eine Art Tagebuch. Ein so schönes Büchlein mit edlem geschöpften Papier-Einband, fast zu schön um hineinzuschreiben …

Schreiben tat mir schon immer gut und hat mir, neben der Malerei, schon durch allerlei Krisen geholfen; eben um mich auszudrücken bei all dem, was man verbal nicht in Worte zu fassen vermag und doch in einem schlummert, einen umtreibt und DA ist.

Vor Kurzem erst hab ich für eine namhafte Fachzeitschrift einen Artikel zum Thema „Poesie- und Bibliotherapie“ verfasst. Diese Therapieform gehört zu den künstlerischen Therapien und macht sich die Heilkraft der Sprache, das (Lesen und) Schreiben als therapeutisch wirksame Methode zu nutze, indem es die eigens niedergeschriebenen Worte, die Gestaltung von Texten, Prozesse seelischer Integration und persönlichen Wachstums in Gang setzt und unterstützt.

Paulo Coelho schrieb einmal **„Ein Stück Papier und ein Kugelschreiber können Wunder bewirken: Schmerzen heilen, Träume in Erfüllung gehen lassen, verlorene**

Hoffnung wiederbringen. Im Wort liegt Kraft.“ (aus Paulo Coelho „Vom Schreiben“).
Diese Kraft durfte ich bereits bei vielen meiner Klienten/innen erleben, welche ich in Kursen zu Poesietherapie oder auch in Form des Tagebuch-Schreibens, im Rahmen einer Kunst- oder Gesprächspsychotherapie mitbegleitet habe. Jetzt möchte ich diese Kraft und Heilsamkeit auch wieder für mich nutzen, aber dieses Mal um meine Krise zu überstehen, ja gar zu „überleben“. Nun muss ich aber los zum Arzttermin …

ZWEI

Arztbesuch

Inzwischen ist das nun schon der dritte Termin bei meiner Hausärztin, innerhalb meiner nun schon gefühlt eeeewigen Auszeit. Tja, und noch weiß ich nicht einmal, wie ich das beschreiben soll, diesen „Zustand“, ja als eine Art „Ausnahmezustand“ vielleicht. Seit Wochen bin ich arbeitsunfähig krank.
Ich muss nicht lange warten, bin direkt dran. Die IMMER herzliche, verständnisvolle Ärztin *(obwohl sie immer alle Hände voll zu tun hat, das Wartezimmer meist übervoll ist)* unterhält sich mit mir, fragt, wie es mir geht. Doch ich weiß es selbst nicht. Ich berichte über meine so quälende Schlaflosigkeit, meine ständige Erschöpfung, dem Grübeln und der Unruhe und hänge die Frage daran: *„Das wird doch wieder, oder? Das hört doch jetzt dann auf, oder?“* Dabei steigen

mir Tränen in die Augen. Ich heule und obwohl es mir so unangenehm ist und ich echt nicht weiß, was mit mir los ist, kann ich meine Tränen nicht zurückhalten. Ich weine wie ein kleines, vielleicht gerade einmal 3-jähriges Mädchen. Ich äußere den Wunsch, wieder arbeiten zu gehen, Zuhause würde ich wahnsinnig werden, ich bräuchte eine Aufgabe und Tagesstruktur. Die Ärztin fragt noch einmal nach, ob ich mir trotz der unschönen Erlebnisse an meinem Dienstort, die man auch mit nur einem Wort, nämlich MOBBING, beschreiben könnte, vorstellen könne, dort wieder zu arbeiten? Ich hielt mich an dem Gedanken fest, wenn ich erst wieder arbeite, reguliert sich mein Tag-Wach-Rhythmus, ich könne wieder schlafen, hätte wieder eine Aufgabe, einen Sinn. Meine Arbeit hat mir ja schließlich immer Freude bereitet, mehr noch, darin hab ich Erfüllung gefunden und nun ist alles so sinnlos und leer. Arbeiten setze ich in meinem Weltbild, in meiner Auffassung, mit GESUND gleich. Wir beschließen also, dass ich es versuche.

DREI
ArbeitsVERSUCH

Erster Dienst nach insgesamt 8 Wochen. Vor den 5 Wochen Arbeitsunfähigkeit hatte ich 3 Wochen Jahresurlaub. Ich gehe gut gelaunt und in Vorfreude zur Arbeit. Doch dort schlägt mir kein anderer Wind als zuvor entgegen. Eisige Kälte. Und sofort ist mir klar:

Dies ist der Auslöser für meine Arbeitsunfähigkeit. Ich arbeite *(oder arbeitete? bisher?)* für einen kirchlichen Träger, seit mehr als sechs Jahren. Ein schlecht bezahlter Job für eine so aufopfernde Arbeit in einem sensiblen Arbeitsfeld, der Sterbebegleitung. Ich liebe meine Arbeit, die damit verbundene Liebe, die ich schenke und zurückbekomme, die Lebensweisheit und Erfahrung der Menschen sowie die Lebensfreude, obgleich der Tod immer allgegenwärtig und so nahe ist. Eine erfüllende, friedvolle Arbeit. Irgendwann jedoch *(jeder weiß aus den Medien, dass die Zustände in unserem Gesundheitssystem mehr als schwierig sind, dass wir hier gesellschaftspolitisch, ja finanziell an unsere Grenzen stoßen, dafür gebe ich den Menschen dort vor Ort nicht persönlich die Schuld)* konnte ich dort so manches nicht mehr mittragen. Da hat sicher jeder seine individuelle Grenze – und zu dem Zeitpunkt hatte ich diese Grenze schon MEHR ALS ÜBERSTRAPAZIERT und ausgedehnt. Ich habe Dinge mitgemacht, die sich meinem Gewissen qualvoll aufdrängten und mich nicht mehr schlafen ließen. Letztlich versuchte ich dies zu ändern und, gerade bei ethischen Entscheidungen am Lebensende, offen anzusprechen, beispielsweise dieses oder jenes fachlich anders zu sehen, es doch mal anders zu versuchen, weil ich es so nur noch bedingt mittragen könne. Das war wohl zu viel. Ab diesem Zeitpunkt folgten zunächst viele Auseinandersetzungen, bis hin zur Distanzierung vieler Kollegen, mit denen ich dachte, die letzten 6

Jahre „das Beste“ für unsere Schutzbefohlenen gegeben zu haben. Meine Distanzierung von manchen meines Erachtens untragbaren und MENSCHENUNWÜRDIGEN Dingen führte zu einer Distanzierung von Kollegen und Vorgesetzten mir gegenüber, ganz nach dem Motto *„Bist du nicht unserer Meinung, bist du gegen uns.“* Dies bekam ich fortan auch zu spüren. Ich wurde ignoriert, nicht mehr gegrüßt, man ging mir aus dem Weg ... Ehe ich mich versah und es bis dahin immer noch nicht fassen konnte, war ich wie „geächtet“. Das ist wohl Mobbing. Etwas, was ich bis dahin nicht kannte, wovon ich nur in den Medien hin und wieder hörte, aber nie damit gerechnet hätte, dass MIR mal so etwas passiere; viel schlimmer noch, was es aus mir machte! Da stand ich nun, nach 8 Wochen Abstand, und müsste eigentlich voll bei Kräften und gut erholt sein. Ich wusste gar nicht, wie mir geschieht, wie fertig mich dieses gegenseitige Unverständnis, diese Unmenschlichkeit und Unachtsamkeit, dieses „Gegeneinander“ machte. Doch nach nur einem Gespräch mit zwei meiner Vorgesetzten ging es mir mehr als schlecht. Ich saß in meinem Büro, kämpfte mit Schwindel, Sehstörungen, Übelkeit, Erbrechen und Durchfall. Nach nur einem halben Tag! Nach 8 Wochen „frei“. Ich konnte es nicht fassen. Bis dahin hätte ich mich als eine Person beschrieben, die so schnell nichts umhaut; als einen Baum mit dickem, geraden Stamm, tief im Erdreich verwurzelt, der auch Stürme aushalten kann. Davon spürte ich jedoch nichts mehr.

Ich wollte nur noch weg. Denn mit Schwindel und Übelkeit konnte ich dort doch nicht verbleiben, geschweige denn für jemand anderen da sein, meine Arbeit tun. Erneut meldete ich mich noch vor Dienstschluss arbeitsunfähig, um einen Arzt aufzusuchen.

VIER
Weggelaufen …

Es war unglaublich, ich konnte es selbst nicht fassen, ich bin ernsthaft weggelaufen, ja förmlich „geflüchtet"! Das ist wirklich unfassbar. Wie ein gejagter Hund kam ich mir vor … Während der Fahrt wusste ich nicht, wie mir geschieht. Einerseits dachte ich „*Hast du gut gemacht, Marion, man muss nicht immer alles aushalten, auch nicht du!*" Gleichzeitig kamen mir jedoch auch Zweifel und Schuldgefühle „*Wie beschämend, einfach davonzulaufen, das ist doch lächerlich, du kannst dich doch nicht so fertigmachen lassen, die können dir doch nichts …*"

Ich telefonierte völlig aufgelöst mit einer Freundin. Sie konnte kaum glauben, was sie hört, bestätigte mir jedoch, dass sie auch weggegangen wäre und bot mir an, alles zu protokollieren, denn sie vermutete, woran ich noch gar nicht dachte, dass meine erneute Krankmeldung zu Ärger führen könnte. Ich erzählte ihr also, was in dem Gespräch mit meinen Vorgesetzten passiert sei, dass mir ein Misstrauen ausgesprochen worden sei, ganz nach dem Motto „*Bist du nicht für uns,*

bist du gegen uns und wer gegen uns ist, mit dem können wir nicht zusammenarbeiten." Dabei war ich doch gegen niemanden, nur für die Sache, für unsere Schutzbefohlenen, unsere Klienten, das, was wir eigentlich alle sein sollten…
Ich verstand die Welt nicht mehr. Auch hatte ich das Gefühl, mir würde unterstellt, ich sei nicht mehr belastbar genug. Belastbar? Das ist ja unglaublich, nur weil ich nicht bereit bin ALLES mitzumachen, weil ich manches hinterfrage, ob es wirklich die beste Entscheidung für unseren Klienten sei? Weil ich mir ernsthaft Gedanken um die Lebenssituation und Qualität unserer Schutzbefohlenen mache? Weil ich nicht bereit bin Unmenschliches und Unwürdiges mitzutragen? Wegzuschauen? Daraufhin wird mir dann eine „Nicht-Belastbarkeit" attestiert? Mir bleibt die Spucke weg.
Ich suchte auf dem Heimweg noch einen befreundeten Coach auf. Irgendwie hatte ich das Gefühl, ich brauche noch eine Rückmeldung, ja Bestätigung dafür, nicht verrückt zu sein. Er war da, hatte zufällig auch Zeit. Ich saß weinend vor ihm und erzählte, was geschehen war. Auch er war baff. Er kannte mich als taffe, junge, starke Frau, die so schnell nichts umhaut und da saß ich nun und er meldete mir besorgt rück, dass ich auf ihn fast „panisch" wirke. Was mich nur so aus der Fassung habe bringen können, wollte er wissen. Ich antwortete: *„Ein halber Tag Dienst nach 8 Wochen Pause, nur ein Gespräch mit zwei meiner*

Vorgesetzten, denen ich eigentlich vertraut hatte …“ Unfassbar … unwirklich, aber wahr.

FÜNF

Wieder bei der Ärztin

Nach diesem heftigen Erlebnis gestern in der Arbeit sitze ich erneut bei der Ärztin. Diesmal kann ich gar nicht sprechen. Ich heule nur. Sie schreibt mich krank. Diagnose: Anpassungsstörung (F 43.2, ICD 10) als Reaktion auf schwere Belastungen. Wir vereinbaren einen neuen Termin. Danach verfiel ich Zuhause in einen Tiefschlaf.

SECHS

Totale Erschöpfung – Tiefschlaf

Ich wache nach Stunden tiefen Schlafes auf. Es scheint mir alles irgendwie so unwirklich. Zum einen hab ich das Bedürfnis, mich meinem Vater, Partner, engsten Freunden mitzuteilen, zu erzählen, was geschehen war. Gleichzeitig bin ich aber so leer, wüsste nicht, welche Worte dem gerecht würden, was ich da erlebt hatte. In mir herrscht ein Gefühlschaos, Gedanken schwirren in meinem Kopf *„Jetzt ist alles vorbei“, „Wie soll das nun weiter gehen?“, „Dort kann ich nie wieder hin!“, „Ich bin so enttäuscht von denen!“* bis zu Gefühlen von *„Ich werde verrückt.“* Es schien mir so, als sei etwas in mir „zerbrochen“, irgendwie etwas

„kaputt gegangen“ und ich war endlos erschöpft und müde, wollte mich nur noch unter der warmen Bettdecke verkriechen, mit heißem Tee und Wärmflasche … wieder Tiefschlaf.

SIEBEN

Diagnose F 43.2 Anpassungsstörung

Einen Tag nach dieser „Flucht“ und dem erneuten Arztbesuch geht mir die Diagnose nicht mehr aus dem Kopf. Jetzt hab ich also eine psychische Störung, eine sogenannte Anpassungsstörung? Im ICD 10 steht dazu als Erklärung *„… nach belastenden Lebensereignissen kann es zu depressiven Reaktionen kommen …“* Das stimmt ja alles, es war mehr als belastend, wie die dort an meiner Arbeitsstelle mit mir umgegangen waren und letztlich habe ich es dafür lange ausgehalten. Irgendwann, selbst nach mehreren Wochen Abstand, ging es einfach nicht mehr, aber trotzdem: Habe ich nun eine psychische Störung und bin krank? Wenn ich das Wort Anpassungsstörung näher und aus einem anderen Blickwinkel betrachte, dann passt es ja sogar wie die Faust aufs Auge, denn freilich war ICH UNANGEPASST, deshalb musste ich dort ja auch weg. Passt man nicht in ein System, kann sich nicht anpassen oder wird vom System nicht angenommen, sondern ausgeschlossen oder geächtet, dann bekommt man den „Stempel“ anpassungsgestört. Irgendwie wirklich irrsinnig und gleichzeitig auch interessant.

Trotzdem kommt mir weiter alles so unwirklich vor. Ich bin wie „erschlagen", hundemüde und habe das Bedürfnis, mich weiter einzuigeln und einfach nur zu schlafen. Ruhe und Schlaf.

ACHT
Tagelanger Tiefschlaf

Unglaublich: Ich mache die Tage nichts anderes als zu schlafen und fühle mich trotzdem wie „erschlagen". Irgendwann muss ich doch ausgeschlafen und genug geschlafen haben? Ich empfinde immer noch alles so „unwirklich", verstehe nicht, WAS, WIESO, WARUM das alles passiert ist und wie es nun weitergehen soll …

NEUN
Lebens-ent-täuschung

Die letzten Tage kämpfte ich, wenn ich nicht im Tiefschlaf war, mit dieser Lebensenttäuschung, weshalb ich auch nicht fähig war, Notizen zu machen.

Ich grübelte und grübelte. Was hab ich falsch gemacht? Wie konnte das alles passieren? Eine tiefe Enttäuschung für mich. Es fühlte sich wie eine „Kerbe", ein „Einschnitt" an – irgendwas ist in mir passiert, zusammengebrochen …

Ich möchte diese Enttäuschung(en) hier noch einmal festhalten, bevor ich sie hoffentlich hinter mir und LOS-LASSEN kann, denn schließlich ist es „nur" der

Auslöser für diese Krise und meinen „Zustand“, ob dieser nun „anpassungsgestört“ heißt oder wie auch immer, eben meinen Zustand, meinen Ist-Stand, ja meine Empfindungen hier und jetzt.
Nachdem ich knapp 7 Jahre an meiner Dienststelle als Fachfrau akzeptiert, ja anerkannt war, mich dann aber irgendwann nicht dazu anhalten ließ, für mich schon Unmenschliches, zum Teil sogar Kriminelles mitzumachen, mit der Begründung ich könne dies nicht mittragen, mit meinem Gewissen nicht vereinbaren, wurde ich ausgegrenzt, belächelt, später auch nicht mehr gegrüßt, ja sogar geächtet. Niemand wollte mehr mit mir zu tun haben. Zwei, drei Kolleginnen entschuldigten sich sogar bei mir dafür, dass sie mit mir nicht mehr sprechen können, weil sie ihren Arbeitsplatz nicht verlieren dürfen. Wahnsinn: Die Angst und der Blick dieser Frauen, die Angst in deren Augen, unabhängig voneinander, bei diesem durchaus beschämenden Geständnis, nämlich der „Kündigung“ des Vertrauens und des Kontaktes zu mir. Eigentlich ist das feige und unreif, doch ich verstehe diese Kolleginnen, die kommen aus ihrer Haut auch nicht raus, haben wirklich existenzielle Ängste, müssen Familien mit ihrem Gehalt ernähren. Ein eiskaltes Klima, ein Klima voll von Ängsten, UNGLAUBLICH und UNAUSHALTBAR für mich – und das unter Christen. CHRISTEN! Mein Weltbild wackelt. Ich bekomme das alles nicht zusammen, auch nicht mit meiner persönlichen christlichen Haltung. Irgendwie habe ich seither das Gefühl

vom „Glauben“ abzufallen, vom Glauben an Gott, an die Welt, daran, dass es etwas Höheres gibt, an die Mit-Menschlichkeit, an das Gute, ja letztlich an mich selbst … – eine unglaubliche (Lebens)Enttäuschung. Ich scheine mich in all meinen Überzeugungen, eben gerade an das Gute in der Welt, in meinen Mitmenschen ge-täuscht zu haben. Dadurch kommt jetzt die Enttäuschung.

Ich bin weitere 2 Wochen krank und mache mir viele Gedanken, die sich jedoch im Kreis drehen, mir Angst machen, mich ermüden und dennoch immer da sind.

Ich erkenne mich, mein Leben kaum wieder. Alles ist plötzlich anders, vor allem meine sonst so fröhliche und positive Grundstimmung – SIE IST WEG!

ZEHN

Nachts um 2.50 Uhr

Ich bin hellwach, aber wie gerädert. Sobald ich versuche wieder einzuschlafen, drehen sich meine Gedanken im Kreis. Gedanken an die Scham, darum, wie es hat so weit kommen können, an die Wertlosigkeit, Nutzlosigkeit, an das Warum-gerade-ich? Ach, wäre doch nur alles wieder in Ordnung, all das hier endlich vorbei, Ruhe und Frieden in mir. Wie qualvoll Unruhe, ständiges Gedankenkreisen und Schlaflosigkeit sein können, wird mir mehr denn je bewusst.

ELF

Alptraum

Es ist 9.30 Uhr, ich konnte also wieder einschlafen, doch träumte ich wilde Sachen. Ich träumte von der Arbeit, wie mir die Kollegen mit einem Messer und Hackbeil hinterherlaufen und mich jagen. Ich laufe weg, weine, habe Todesangst, flehe um Gnade, bin verschwitzt und aus der Puste. Der lange Gang in der Dienststelle war im Traum endlos lang und so konnten sie mich hetzen und hetzen ... Ich war mir im Traum sicher, sie würden mich abschlachten wollen. Der Traum wiederholte sich nach der langen Wachphase noch einige Male. Ich wachte zwar immer wieder verschwitzt auf, doch sobald ich die Augen wieder zumachte, kamen diese bösen Bilder, dieser Alptraum wieder.

Jetzt, morgens, frage ich mich, was das zu bedeuten hat? Gejagt und Todesangst – so die Gefühle im Traum, ganz schlimm, das Gefühl, wie ich sie anflehte, mich doch in Frieden zu lassen, und wie sie keine Gnade kannten, mich weiter und weiter jagten. Ich kann es mir nur so erklären: So sehr ich die Belastung tagsüber versuche hinter mir zu lassen, desto mehr jagt sie mich nachts in meinen Träumen.

ZWÖLF

WERTlos – erneuter Arztbesuch

Eins scheint klar: Ich bin meiner Arbeit nicht mehr gewachsen. Egal, ob das nun durch äußere Umstände verursacht wurde, durch das eiskalte unerträgliche Klima, durch den Umgang mit mir oder durch was auch immer. ICH schaffe es nicht mehr. Das ist ein so schreckliches Gefühl, einfach furchtbar! Und unfassbar. Ich bin zu nichts mehr zu gebrauchen und fühle mich derart wertlos, schon seit Wochen... Noch nie war ich sooo lange krank. Nicht einmal nach meinen Bauch-OP's, da war ich nach zwei, drei Wochen wieder voll auf der Höhe und ging arbeiten. Außerdem bin ich jemand, dem seine Arbeit Spaß macht, der Freude daran hat, Erfüllung darin findet. Und jetzt, jetzt sitze ich nutzlos rum. Und ich schäme mich so, zu allererst vor mir, dann vor meinem Partner, Freunden, den Sprechstundenhilfen, der Ärztin. Auch wenn mir alle versichern, dass ich dies nicht müsste und ich es ja auch weiß. Es ist so. Und was SCHAM für ein in einem selbst tiefsitzendes, ungutes Gefühl ist, ist mir auch erst durch diese neue Erfahrung bewusst geworden, obgleich ich dieses quälende Gefühl von meinen Klienten kenne. Jetzt erst spüre ich dieses volle unangenehme Ausmaß von Schamgefühlen, was ich vorher nur erahnen konnte. Und es ist nicht abstellbar. Die Ärztin fragt mich heute in der Sprechstunde, ob ich mir vorstellen kann, ob es noch etwas Schlimmeres gäbe als die Tatsache, dass ich meiner Arbeit nicht mehr nachgehen kann. Hm, klar wäre es schlimmer, wenn mein Partner sich von mir trennt oder er oder ich sterbenskrank wäre. Aber ganz ehrlich, in dem Moment, in dem mich dieses Gefühl so erfasst, ist das das schlimmste für mich: dass ich nicht mehr klar denken, nicht mehr lesen, mich nicht mehr konzentrieren kann, meine schnelle Auffassungsgabe, alles einfach weg, nix mehr da ... Und das passiert mir, ausgerechnet mir! Wo mir mein Kopf, mein Gehirn so wichtig ist, immer wichtig war, weil ich ihn zum Arbeiten, zum Schreiben von Büchern und Artikeln brauche ... Und nun lässt dieser mich im Stich, mir fallen die einfachsten Begriffe oder einzelne Buchstaben, wie man was schreibt, einfach nicht mehr ein ... und es belastet mich so, dass ist so furchtbar, so schrecklich, ja so befremdlich, ich (er)kenne mich selbst nicht wieder! Laut ICD 10 ist dies ja ein klares Symptom für Depression: DENKSTÖRUNG nennt man das. Tja, damit erklärt es sich (und mir) zwar, dass es „normal" ist, zumindest also normal für meinen aktuellen Zustand. Das macht es jedoch auch nicht wirklich besser. Ich kann es nicht fassen: mein Hirn wie abgestorben, nichts mehr da. So muss es wohl auch demenzkranken Menschen gehen. Oh Gott, was bitte kommt noch alles auf uns zu? Die Ärztin gibt mir eine Überweisung zur Therapeutin mit.

DREIZEHN
Schlafstörungen

Die Schlafstörungen werden immer schlimmer. Sowohl das Einschlafen als auch das Durchschlafen werden immer schwieriger. Sobald ich im Bett liege, eigentlich total erschöpft und müde bin, also eigentlich bereit um einzuschlafen, so war es zumindest früher, ich hatte nie Probleme, weder mit dem Ein- noch mit dem Durchschlafen, beginnt das „Kopfkino", Sorgen darum, wie es weitergehen soll? Wie und wo ich arbeite? Ob ich mir mein Leben noch finanziell leisten können werde? Am Besten noch die großen Fragen von Warum? Warum ich? Wozu? ... Eins kommt dann zum anderen, ein Gedankenstrudel, der mich immer tiefer in die Angst und Unruhe bringt. SCHLAFLOS, UNRUHE, SORGEN, ÄNGSTE ... SCHLAFLOS, UNRUHE, SORGEN, ÄNGSTE ... SCHLAFLOS, UNRUHE, SORGEN, ÄNGSTE ... – wie ein Teufelskreis. Kein Wunder, dass ich mich dann tagsüber schon um 10 Uhr wieder schlapp und ausgelaugt fühle, mich dann auch oft hinlege und 2-3 Stunden wie erschlagen schlafe. Mir ist bewusst: So kann es nicht weitergehen, mein Tag-Nacht-Rhythmus verdreht sich immer mehr. Ich suche in meinen Fachbüchern die Theorie zu den Themen Teufelskreis, Schlafstörung und Tipps zur Schlafhygiene heraus. Alles sind Themen, die mir aus meiner Therapeuten- und Beratertätigkeit nicht neu sind, doch habe ich das Gefühl, es hilft mir, mich bewusst damit auseinanderzusetzen,

mir das für mich selbst noch einmal anzuschauen. Was anderes hab ich eh nicht zu tun. Und wenn ich nicht schon verrückt bin, dann werde ich es noch durch dieses „Nicht-Schlafen-Können“, dieses „Total-Erschöpft-Sein“ und diesen verdrehten Schlaf-Wach-Rhythmus. Manchmal bin ich schon so durcheinander und „deppert“, dass es mir Angst macht, was ich auch auf diesen veränderten Rhythmus und die fehlende Tagesstruktur zurückführe.
Ich habe in meinen Unterrichtsaufzeichnungen aus der (Kunst)Therapie Tipps und Regeln zur Schlafhygiene gefunden, die einen „gesunden Schlaf“ fördern sollen. Nachfolgend nenne ich einige davon, die ich ausprobieren werde.

Schlafhygiene

- ✓Ich gehe künftig erst dann schlafen, wenn ich wirklich müde, also bereit dazu bin.
- ✓Ich stehe wieder auf, wenn ich nicht einschlafen kann und lenke mich ab, beispielsweise Lesen, nicht TV sehen. Ich gehe erst dann wieder ins Bett, wenn ich wieder müde bin.
- ✓Ich schlafe nicht mehr außerhalb des Bettes, beispielsweise auf der Couch, ein.
- ✓Ich wiederhole diesen Vorgang so oft wie nötig, wenn ich nachts nicht schlafen kann.
- ✓Ich stehe künftig immer zur gleichen Uhrzeit auf, auch an freien Tagen, am Wochenende und im

Urlaub, um mich wieder an einen festen Rhythmus zu gewöhnen.

- ✓ Im Bett darf ich nur noch schlafen, nicht essen, nicht am PC spielen, nicht lesen, außer mit meinem Partner kuscheln.
- ✓ Ich muss tagsüber Schlaf vermeiden ☹, kein Mittagsschlaf also.
- ✓ Wenn möglich nicht mehr nach 15 Uhr schlafen.
- ✓ Ich darf 6 Stunden vor dem Schlafengehen keinen Kaffee oder Alkohol mehr trinken und auch keine schweren Mahlzeiten zu mir nehmen.
- ✓ Ich muss mein Zimmer besser verdunkeln und Lichtquellen reduzieren.

Na ja, ob ich das alles hinbekomme …
Wieder einmal denke ich mir: „Aber deinen eigenen Klienten hast du so etwas empfohlen." Ich werde es versuchen, ganz nach dem Motto „*Gott, gib mir die Gelassenheit, Dinge hinzunehmen, die ich nicht ändern kann, den Mut, Dinge zu ändern, die ich ändern kann, und die Weisheit, das eine vom anderen zu unterscheiden*" gleich die Dinge zu ändern, die sich leicht machen lassen. Mal sehen, wie es mit der „Schlaferei" weitergeht.

VIERZEHN
WOZU?

Die Frage „Wozu lohnt es sich zu leben?“ hat mich immer schon umgetrieben, sowohl als Mensch als auch als Therapeutin, Autorin und Künstlerin. Damals aber lediglich aus Interesse. Ich habe dazu Texte, ganz Bücher verschlungen, selbst Texte und Gedichte dazu verfasst, gemalt und Collagen angefertigt. Schließlich ist es eine existenzielle Frage, womit sich Menschen, große Denker, ja Philosophen und Künstlerseelen, Seelsorger, Theologen und Psychologen schon seit jeher beschäftigten. So schrieb ich vor wenigen Tagen diese Zeilen, weil mich diese große Frage aktuell wieder, aber ganz anders als sonst umtreibt, sich in meine Gedanken schleicht, sich mir aufdrängt und dann im Kopf umherkreist.

Wozu lohnt es sich zu leben?

Wozu lohnt es sich noch zu leben,
wenn dir dein Leben keine Freude mehr macht?

Wozu lohnt es sich noch zu leben,
wenn es für dich nichts mehr zu lachen gibt?

Wozu lohnt es sich noch zu leben,
wenn du das Gefühl hast, keine Menschenseele versteht dich?

Wozu lohnt es sich noch zu leben,
wenn du dich einsam und verlassen fühlst?

Wozu lohnt es sich noch zu leben,
wenn du im Leben keinen Sinn mehr verspürst?

Wozu lohnt es sich noch zu leben,
wenn sich Hoffnungslosigkeit in dir breit macht?

Wozu lohnt es sich noch zu leben,
wenn um dich herum alles grau in grau und farblos ist?

Wozu lohnt es sich dann noch zu leben?

Marion Jettenberger

FÜNFZEHN

Psychisch oder körperlich?

Seit einigen Tagen hab ich allerlei „Zipperlein", seltsame körperliche Beschwerden. Ich weiß, dass ich soweit körperlich eigentlich gesund bin und keine Schmerzen haben dürfte. Doch in letzter Zeit tauchen immer wieder seltsame körperliche Beschwerden auf, ehrlich gesagt sogar ziemlich heftig und immer wieder an verschiedenen Stellen. Einmal verspüre ich einen starken Druck auf der Brust, mit Engegefühlen und Beschwerden beim Atmen oder ich habe ein Stechen in der linken Brust oder der Magengegend. Ich versuche mich dann immer abzulenken durch Fernsehen oder Lesen, weil ich ja direkt vermute, es sei psychisch und obwohl es deutlich da und spürbar ist, sage ich mir: *„Marion, das bildest du dir alles nur ein"*, aber auch das gelingt mir nicht immer. Manchmal verschwinden sie durch Ablenkung. So wie heute, nachdem ich gefühlt stundenlange Schmerzen, ein Ziehen und Stechen in der linken Brust hatte, so schlimm, dass mir das Atmen schwerfiel. Gottlob ist es nun wieder weg. Doch treiben mich sogleich Gedanken um *„Jetzt wirst du wirklich langsam verrückt!“* oder *„Jetzt bildest du dir schon Dinge ein, die nicht da sind!“*

SECHZEHN

Wieder nicht schlafen können

3.29 Uhr. Kann nicht schlafen. Herzklopfen, Unruhe. Fühle mich irgendwie mutterseelenallein. Um diese Uhrzeit, mitten in der Nacht, ist man gefühlt allein auf der Welt. Man kann ja nicht einmal jemanden anrufen, „normale“ Menschen würde man wecken. Ich schau aus dem Fenster. Es ist stockfinster. Ich bin hundemüde, gleichzeitig aber zu unruhig, um zu schlafen. Wenn ich die Augen schließe, holen mich sogleich alle Sorgen und damit verbundenen Fragen ein …
Wie soll es nur weitergehen?
Wann kann ich endlich wieder ruhig schlafen?
Kann ich je einfach mal wieder „normal“ schlafen?
EINFACH NUR SCHLAFEN?
Bekomme ich eine geeignete Stelle von meinem Arbeitgeber angeboten? Oder muss ich selbst etwas finden? Finde ich dann auch was? Aber was ist, wenn ich gar nicht mehr in der Lage bin zu arbeiten? Aktuell ist mir alles zu viel, zu anstrengend, selbst duschen und

aufstehen. Nur selten schaffe ich es, mich dazu zu zwingen, zumindest wenn ich Termine habe, die ich nicht absagen kann …

SIEBZEHN
ZukunftsÄNGSTE

Die Angst, wie es weitergehen soll, treibt mich um. Tag und Nacht. Ich frage mich, was ist, wenn mein Arbeitgeber nicht mehr zahlt. Sogleich überkommt mich die Angst, die Miete nicht mehr zahlen zu können, mein Auto … Wie ist das denn, wenn man mehr als 6 Wochen krank ist? Zahlt dann die Krankenkasse? Das volle Gehalt? Ich hab keine Ahnung. Bisher habe ich mich mit so etwas noch nicht beschäftigt. Von starker Unruhe angetrieben, google ich und komme auf folgende Ergebnisse:
Als gesetzlich Versicherter erhalte ich 6 Wochen lang das Gehalt von meinem Arbeitgeber, danach wird die Krankenkasse einspringen. Dieses „Krankengeld" ist jedoch geringer als das letzte Gehalt. Insgesamt kann man dieses jedoch 78 Monate erhalten, das sind 3 Jahre. „Drei Jahre", denke ich, „Wahnsinn! Wie kann man so lange krank sein? Wie kann man das ertragen, aushalten? Nein, also ich werde sicher ganz schnell wieder gesund … Außerdem bewerbe ich mich ja schon fortlaufend. Drei Jahre, da wird man doch verrückt – unvorstellbar!"

ACHTZEHN
Bewerbungen

Ich schreibe neun weitere Bewerbungen für den Fall, dass ich zu meinem alten Arbeitgeber nicht mehr zurückgehen kann, er mir keine andere adäquate Stelle anbieten kann. Doch was bleibt mir übrig? Von irgendwas muss ich leben und von den wenigen Artikeln und den Büchern kann ich meinen Lebensunterhalt nicht bestreiten. Seit meiner Erkrankung habe ich bereits 58 Bewerbungen verschickt. Eine neue Erfahrung machte ich, die wirklich auch enttäuschend ist: Manche Einrichtungen melden sich erst gar nicht. Das ist echt traurig. Wenn die wüssten, wie sehr ich auf Antwort warte, wie sehr ich mich nach einer sinnvollen Beschäftigung und Tätigkeit sehne … Manche melden sich nach Wochen. Manche bestätigen wenigstens den Eingang und bitten um Geduld. Andere sagen direkt ab. Bei zwei Vorstellungsgesprächen kam ich trotz vieler Bewerber in die zweite Runde. Aber ICH bekam die Stellen am Ende doch nicht. *„Leider müssen wir Ihnen mitteilen, dass wir uns für eine andere Bewerberin entschieden haben. Wir wünschen Ihnen beruflich und persönlich alles Gute für die Zukunft.“* Diese Floskel kenne ich inzwischen auswendig. Es ist ein ständiges Auf und Ab, was mich immer wieder hoffen, dann aber wieder verzweifeln lässt und diese ständigen Absagen schaden meiner Stimmung zusätzlich.

NEUNZEHN

schwach, dumm, nutzlos …

Mir geht es zunehmend schlechter. Ständig diese Absagen. Keine Perspektive. Immer nur schlechte, kreisende Gedanken. Manchmal bleib ich einfach im Bett liegen. Für was oder wen soll ich überhaupt aufstehen? Mich duschen? Mir wird alles immer gleichgültiger. Weiter grüble ich, warum das alles hat passieren müssen, warum so etwas gerade mir passiert? Ich halte mich für schwach, dumm, nutzlos … Etwas, was ich von mir so nicht kenne. Ich mag mich eigentlich, mag mein Leben. Ich hatte eigentlich immer ein „gesundes" Selbstwertgefühl. Aber jetzt ist alles anders. Ich kämpfe mit Schlaflosigkeit, Alpträumen, negativen Gedanken, Unruhe, trinke wesentlich mehr Alkohol als sonst, finde keine Ruhe, habe Ängste. Angst war etwas, was ich auch nicht kannte. So schnell hatte ich vor nichts Angst. – Wie soll das alles nur weiter werden? Und ich nehme zu, was meine emotionale Stabilität erneut ins Wanken bringt, weil ich mich nun auch noch „dick und doof" fühle. War ja klar, dass ich zulegen würde auf Grund der mangelnden Bewegung, durch diese ständige Müdigkeit und Antriebslosigkeit. Ich kann mich jetzt aber nicht auch noch auf eine Diät konzentrieren. Ich warte ab. Solange es nicht mehr wird …

ZWANZIG

Versagensgefühle

Oft fühle ich mich so richtig KLEIN und DUMM. Wie eine richtige Versagerin. Keine Arbeit, bringe nicht mal die einfachsten Dinge hin, ich kann nichts und bin nichts wert. Wenn ich das einem meiner Freunde oder meinem Partner erzähle, rollen die mit den Augen und erinnern mich an Realitäten, die ich aus den Augen verloren habe: „*Marion, du bist erst 33 Jahre, bist mehrfache Fachbuch-Autorin, schreibst für namhafte Magazine, hast 3 Berufsausbildungen …! Wer kann das schon mit 33 von sich sagen?*" Das stimmt, das weiß ich alles, doch irgendwie trennt sich da mein Geist – kognitiv – von meinem Gefühl, den Emotionen, so eine richtige Versagerin zu sein und das zwar alles in der Vergangenheit geschafft zu haben, jetzt aber eben nichts mehr und mich dadurch so klein, dumm und als Versagerin zu fühlen …

EINUNDZWANZIG

Was ist nur los mit mir?

Ich stelle immer häufiger fest, dass mich Menschen, Gespräche, ja die Nähe stressen, ich es kaum aushalte. Einerseits wünsche ich mir zwar Nähe, würde mich aktuell auch als „anlehnungsbedürftig" beschreiben, gleichzeitig brauche ich jedoch Ruhe, weil mich jedes Gespräch, ja die bloße Anwesenheit von Menschen schon überfordern. Denke ich darüber nach, empfinde ich gerade das als sehr befremdlich und Besorgnis erregend, denn Menschen, Nähe, Gespräche waren mir immer so wichtig. Jetzt regt mich schon eine Stimme in meiner Nähe auf. Was ist nur los mit mir? Auch das Radio drehe ich ab, weil mir dieser zusätzliche Reiz einfach zu viel ist ... Alles ist mir irgendwie zu viel.

ZWEINUNDZWANZIG

Neuer Arztbesuch

Aus meiner „Lebenskrise", wie ich es mir bisher erklärt habe, sollte heute die Diagnose „Depression" werden. F32.9 steht auf dem Krankenschein. Depressive Episode, nicht näher bezeichnet. Ich kann es nicht fassen! Nachdem es mir immer noch nicht besser ging, nein eher sogar immer noch schlechter, saß ich heute wieder in der Praxis meiner Hausärztin. Wieder war ich unglaublich beschämt. Auch dieses Schamgefühl wird immer schlimmer. Auch wenn ich weiß, wie schon erwähnt, dass ich mich für nichts schämen muss. Dennoch bin ich beschämt darüber, einfach nicht zu funktionieren, meinen Job nicht mehr machen zu können, ständig erschöpft zu sein, müde zu sein und dies nun schon so eine lange Zeit. So lange war ich noch nie arbeitsunfähig – krank. Im Sprechzimmer sitzend, fragte ich mich, was wohl die Ärztin dazu sagen wird. Ich dachte immer noch: *„Morgen oder nächste Woche geht es mir sicherlich wieder gut, das muss doch nun mal aufhören!"* Obwohl die Ärztin mir immer wieder

versichert, dass ich mich dafür nicht schämen müsse, nicht so viel darüber nachdenken solle, überkommt mich immer wieder diese Scham; ein schreckliches Gefühl. Und es sollte gleich noch schlimmer kommen. Heute sprachen wir darüber, was ich denn nun habe. Vorsichtig und behutsam sprach die Ärztin mit mir über die Diagnose Depression. DEPRESSION. Uff. Meine Ärztin ist klasse! Empathisch. Sie spricht mir Mut zu, klopft mir auf die Schulter, lächelt mich an. Ich spüre, dass auch ihr das Gespräch nicht ganz leicht fällt, wie sehr sie mitfühlt und bemüht ist.
Jetzt, wieder Zuhause, grüble ich, bin fast ein wenig geschockt. Jetzt hab ich ernsthaft ne Depression. Ich? Ich glaub es nicht. Nie hätte ich gedacht, jemals selbst an „so einer“ Krankheit zu leiden … Es ist nicht so, dass ich vorher respektlos auf DIE ANDEREN, auf Menschen mit Depression, herabgesehen habe, das nicht und sicher bin ich nichts besseres, eh nicht, aber ich sah sie eben von der anderen Seite aus (als Therapeutin). Nur, dass ich nun wirklich selbst daran leide, das ist einfach noch einmal was anderes. Unglaublich. Ich kann es kaum glauben. Wenn ich aber ganz ehrlich bin, KLAR IST MIR DIES INSGEHEIM SCHON SEIT WOCHEN. Immer wieder kam mir der Gedanke: *„Das ist nun nicht mehr ‚nur‘ eine akute Belastungsreaktion oder Anpassungsstörung auf die ganzen Ereignisse und diese Lebensenttäuschung bezüglich meiner Arbeitsstelle.“* Doch ich dachte trotzdem: *„Das vergeht schon wieder“*, *„ist doch nur vorübergehend, nur*

eine, Krise die wieder weggeht". Jetzt muss ich wohl den Tatsachen ins Auge blicken.

DREIUNDZWANZIG

Depression

Noch immer beschäftigt mich dieses Wort, diese Diagnose „Depression".

Dies Gedicht ist daraufhin entstanden …

Depression

mittendrin
mittendrin im Tief
(in der Depression)
ist alles grau in grau
farblos
sinnlos
ich sehe, ohne Wahrnehmung
einfach dumpf
einfach stumpf
ich fühle zwar, ohne diese Wahrnehmung greifen und in Worte fassen zu können
ohne diese Empfindungen be-greifen zu können
ich denke zwar, doch irgendwie ohne Hirn, ganz zerstückelt, so zerhackt,
so ohne Sinn, ohne Zusammenhang, ohne Klarheit
ich lächle zwar, doch ohne wahrhaftiges, inneres, freudiges Lachen,
ohne wahre Freude

ich weine, oft ohne Grund, weiß nicht mal warum
ich sehe kein Licht, obwohl die Sonne strahlt
ich sehe kein Morgen, kreise gedanklich eher im Gestern
ich fühle keine Hoffnung, keine Lebendigkeit,
fühle mich „wie gelähmt“, wie „tot“, wie „nicht-voll-da“,
ohne Freude für und am Leben
Teilnahmslos – ohne Interesse
ohne Interesse am Leben,
ohne Interesse für mich,
ohne Interesse für mein Leben und für die Welt

Marion Jettenberger

VIERUNDZWANZIG

Den Tatsachen ins Auge blicken

Um den Tatsachen ins Auge zu blicken, bekam ich von der Ärztin eine Broschüre zum Thema Depression, die ich mir einfach mal durchlesen könne. Dies war ihr wichtig, obgleich sie ja wusste, dass mir die Diagnostik selbst bekannt war. Trotzdem bat sie mich, mich aktiv damit auseinander zu setzen. Weiter bat sie mich, einen Kollegen aufzusuchen, einen Facharzt für Psychotherapie und Psychiatrie, sowie einen „Nervenarzt“, also Psychiater/Neurologen.

FÜNFUNDZWANZIG

Zwei Tage später

Heute, 2 Tage später, hab ich mich endlich aufgerafft, bei den Fachärzten anzurufen. Beim Psychiater, der eine medikamentöse Behandlung begleiten soll, bekomme ich erst in 8 Wochen einen Termin, bei der Fachärztin eher. Ist mir grad recht, dass ich noch ein wenig Zeit habe. Mir graust es vor diesen Terminen, auch wenn ich weiß, dass muss sein, dort wird dir geholfen, Marion. Trotzdem. Wer geht zu solchen Terminen schon gerne? Und diese damit verbundene Scham … einfach GRAUSIG.

SECHSUNDZWANZIG

Antidepressiva

Citalopram – ich? O Gott, was kommt als Nächstes? Nachdem es seit Wochen einfach nicht besser wird, ich immer und immer wieder ins Grübeln komme, Unruhe, Schlaflosigkeit und Angst mich plagen, schlägt mir meine Hausärztin vor, es mit Medikamenten zu versuchen: Citalopram, ein Antidepressivum. Ich wehrte mich natürlich heftig dagegen, kaufte mir in der Apotheke sogleich pflanzliche Mittel sowie einen Bachblüten-Beruhigungs-Tee. Damit wollte ich es erst einmal versuchen, nicht mit der chemischen Keule. Von Antidepressiva will ich nichts wissen. Ich weiß noch, wie ich der Ärztin schon nur noch halb zuhörte und dachte: *„Ja freilich und was kommt als Nächstes?*

Jetzt ist es soweit, jetzt bekommst du Psychopharmaka.“ Das war wie ein Schlag ins Gesicht! Alles sträubt sich in mir. Meine Hausärztin, die sehr achtsam ist, eine Klassefrau, versuchte mir zu erklären, dass wir gerade in unserem Beruf sehr viel mehr Serotonin bräuchten und ich es mir doch nicht so schwer machen sollte. Sie sehe doch, wie mich die Gedanken, die Schlaflosigkeit, das Grübeln, Angst und Unruhe quälen. Dann ginge es mir vielleicht besser, ich täte mich leichter, ich solle es mir einfach in Ruhe überlegen... Sie drängt mich zu nichts.

SIEBENUNDZWANZIG

Wenn die Seele fröstelt

Es ist 14 Uhr. Ich hab mich unter drei Bettdecken gekuschelt und trotzdem friert es mich, ja es schüttelt mich sogar. Was ist das? Insgesamt friert es mich in letzter Zeit so häufig, trotz vieler Decken, oft sogar einer Wärmflasche dazu, dass es eigentlich keine reelle Ursache dafür geben kann. Mein Partner belächelt mich dafür schon und sagt: *„Das kann doch jetzt nicht mehr sein, du hast 5 Decken und eine Wärmflasche.“* Und doch friert und schüttelt es mich unendlich. Ich vermute, dass das psychisch ist, so als ob meine Seele fröstelt ..., denn genügend „Fett“, ich bin ja übergewichtig, hätte ich ja, das müsste ja genug wärmen. Wärme zu brauchen, für was steht das? Für Liebe? Zeigt sich so meine Bedürftigkeit nach Liebe, nach

Zuwendung, wieder nach einer positiven Grundstimmung und einem *„Alles-wird-wieder-gut-Marion"?* Echt eigenartig.

ACHTUNDZWANZIG

Langsames „Anfreunden"

Ich hatte das Bedürfnis, mich ganz langsam und vorsichtig mit meinem Partner *(Schulmediziner)*, meinem Vater *(„Alltagspsychologe", so nennt er sich selbst, er, DER Zuhörer, immer mit einem offenen Ohr)* und einer vertrauten Freundin *(selbst Therapeutin)* zum Thema Citalopram auszutauschen. Mein Vater und mein Lebenspartner fanden es beide „nicht schlimm". Wenn es der Arzt doch sagt, dann sei es doch richtig. Trotzdem war ich in Sorge, empfand es zudem als Schwäche, SOWAS zu brauchen, weil ich nicht mehr funktionierte. Gleichzeitig hatte ich Sorge, solch „heftige" Medikamente zu nehmen. Da muss man schon erst mal drüber nachdenken. Nur meine Therapeuten-Kollegin fragte vorsichtig und behutsam nach. Sie hatte mich die ganze Zeit über eng begleitet, auch ohne viele Worte wusste sie Bescheid. Sie fragte, was mich davon abhält. Ob ich mir vorstellen könne, dass es mir damit besser ginge, wovor ich denn Angst hätte… Und langsam freundete ich mich doch mit dem Gedanken an. Mein Partner sagte noch, ich solle es nicht als Schwäche sehen, sondern es mit den Medikamenten versuchen. Außerdem sei es bei mir doch vermutlich nur vorübergehend und es könne mir in dieser schweren Zeit über die Krise hinweghelfen. Na ja, ich weiß noch nicht ... Ganz überzeugt bin ich dennoch nicht.

NEUNUNDZWANZIG

Selbstmedikation

Trotz Zuspruch von Familie, Partner und Freundinnen hatte ich doch beschlossen, es einfach noch einmal ohne Citalopram zu versuchen. Ich wollte es „natürlich" versuchen. Doch meine Selbstmedikation mit dem Tee und Naturheilmittel half nichts. Es ging mir zunehmend schlechter. Ab morgen werde ich es deshalb mit dem Antidepressivum versuchen, gegen welches ich mich bisher noch so gewehrt hatte. Ich beruhige mich selbst damit, dass es zunächst ja nur 10 mg sind. Ich nehme dann also zum ersten und hoffentlich letzten Mal in meinem Leben „Pillen" für die Psyche. Das fällt mir nach wie vor schwer. Diese Vorstellung, so schwach zu sein, mein Leben nicht „gebacken zu bekommen", dass ich nun Pillen brauche, um zu funktionieren, ist furchtbar. Mir ist bewusst, dass ich nicht so streng mit mir sein darf, dass ich nicht immer die *„starke Marion"* sein muss, sondern auch mal *„nicht funktionieren darf"*. Trotzdem fällt mir dies alles mehr als schwer und in diesem Moment kommt in dem Zusammenhang auch gleich wieder dieses schreckliche Schamgefühl hinzu.

DREISSIG

Also doch Psychopillen

Heute Morgen war ich dann fest entschlossen, es ALSO DOCH mit DIESEM Citalopram zu versuchen. Nur, wo soll ich das Rezept einlösen? Sicherlich nicht in der Apotheke in unserem kleinen Dorf. Auch wenn hier, wie in jeder Apotheke, die sogenannte Schweigepflicht gilt, ist dies viel zu öffentlich. Oft genug hab ich mich schon fremdgeschämt, wenn die Apothekerin in einem vollen Laden viel zu laut ihre Tipps mitteilte oder die Menschen mit ihren Tabletten, z.B. Verhütung oder Viagra, was auch nicht jeder sehen muss, ohne Tüte in der Hand nach draußen auf die Straße ließ. So machte ich mich auf den Weg in die nächste größere Markt-Gemeinde, um mir dort anonym meine Tabletten zu holen. Noch war ich nicht ganz sicher, ob ich sie dann auch wirklich nehmen werde … Aber ich hole sie schon mal, um sie da zu haben.

EINUNDDREISSIG

Für- und Wider-Liste

Weiter ringe ich mit mir, ob es richtig und notwendig wäre, ein Antidepressiva einzunehmen. Doch dann fragte mich meine Therapeuten-Freundin bei einem Telefonat: „*Wie schlecht soll es dir denn noch erst gehen, Marion?*“ und „*Warum machst du es dir so schwer?*“ Irgendwie hat sie Recht. Wir sprachen noch einmal über das „Für und Wider“ von Antidepressiva.

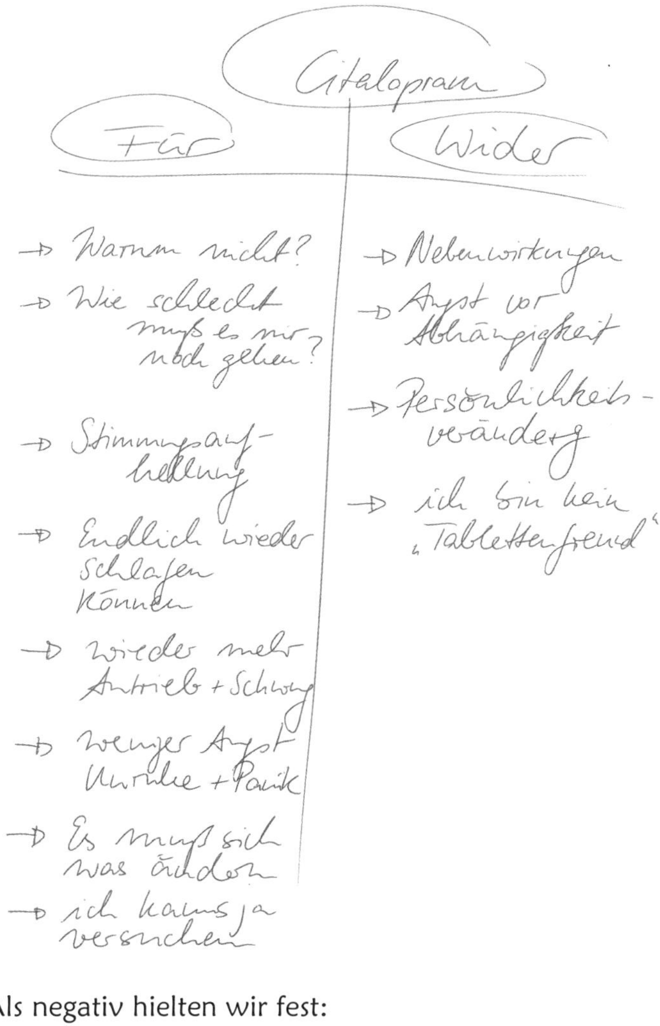

Als negativ hielten wir fest:

Es treten nahezu immer Nebenwirkungen auf, diese hier könnten (müssen aber nicht bei jedem sein) beispielsweise Mundtrockenheit, Sedierung, Blutdrucksenkung, Koordinationsstörungen, Schwitzen, Sehstörungen, Magen-Darm-Probleme, Verstopfung, Libidostörungen, Zittern und Kopfschmerzen sein. All dies kann sehr unangenehm sein. Nach wenigen Tagen würden sich diese deutlich zurückbilden oder gar nicht mehr da sein. Etwa nach 14 Tagen würde ich dann eine deutliche Stimmungsaufhellung verspüren.

Als positive Eigenschaften durch die Einnahme von Antidepressiva hielten wir fest:

- Es gibt keine Hinweise auf körperliche oder sonstige Schäden, auch nach längerer Einnahme in hoher Dosis nicht.
- Es besteht keine Gefahr der Abhängigkeit.
- Stimmungsaufhellung hat mit dem Antidepressivum Citalopram eine hohe Erfolgsquote.
- Sie bewirken keine Persönlichkeitsveränderung.

Damit war ich dann auch beruhigter und beschloss, direkt zu starten. Gerade, dass es keine körperlichen Schäden oder „Abhängigkeit“ oder sich eine befürchtete Persönlichkeitsveränderung entwickelt, das war noch einmal wichtig für mich zu besprechen. Eigentlich sind es dieselben Ängste, die ich von meinen Klienten her kenne. Wahnsinn, mit welchen Sorgen und Ängsten man selbst „ringt“, wenn man selber „in der Situation steckt“! Solch Für- und Wider-Listen haben mir bei schwierigen Entscheidungen in meinem Leben immer geholfen. Es half mir dabei unheimlich, es gemeinsam abzuwägen, wie in diesem Fall mit meiner Freundin.

ZWEIUNDDREISSIG

Meine ersten Tage mit den Psychopillen

Seit 3 Tagen nehme ich nun 10 mg Citalopram. An den ersten beiden Tagen hab ich viel geschlafen, ich war wie erschlagen. Jetzt kämpfe ich mit Schwindel, Kopfweh, ständigen Schweißausbrüchen und fühle mich einfach dauer-übel, habe einen aufdringlich, unangenehm trockenen Mund und fühle mich HUNDEELEND.

Am 4. Tag wird es etwas besser. Nur der plötzlich auftretende Schwindel und diese schrecklichen Schweißausbrüche sind geblieben. Auch bin ich nicht mehr so müde, worüber ich sehr froh bin, denn so völlig „betäubt“ und müde, das wäre ja auf Dauer auch kein Leben. So nahm ich nun also Citalopram, nachdem ich mich anfänglich so gegen die Einnahme von Antidepressiva gewehrt hatte. Ich kämpfte mit den Nebenwirkungen, welche ich ganz und gar NICHT OHNE fand ... Doch inzwischen, gerade weil es immer schlechter wurde, war ich einsichtig und war sogar bereit, diese Nebenwirkungen auf mich zu nehmen, auch wenn sie mir ziemlich heftig erschienen.

Die Ärztin hatte mir zum Einstieg für die erste Woche täglich 10 mg verordnet, dann sollte ich, wenn ich es gut vertrage, auf 20 mg erhöhen.

DREIUNDDREISSIG
Nebenwirkungen

Ich finde die Nebenwirkungen wirklich nicht spaßig, vor allem die Mundtrockenheit und das Schwitzen nerven, das Kopfweh ist arg, lässt mich zusätzlich Schmerzmittel einnehmen. Dennoch ist es keine Frage für mich, nicht weiterzumachen. Ich glaube daran, dass es wird – ALLES WIRD WIEDER GUT! ES MUSS EINFACH!!!

VIERUNDDREISSIG
Erhöhung auf 20 mg Citalopram

Seit gestern habe ich die Citalopram wie vereinbart auf 20 mg erhöht. Denn scheinbar, laut Ärztin, *„vertage ich sie gut".* Diese Nebenwirkungen gehören einfach dazu. Sogleich habe ich erneut mit Übelkeit, diesmal sogar unglaublichen Kopfschmerzen und plötzlich auftretenden Sehstörungen, Schwindel und Hitzewallungen zu kämpfen. Vor allem Letzteres empfand ich als sehr unangenehm. Weiter beschlich mich die Angst zuzunehmen. Eine Gewichtszunahme, die man diesen Medikamenten auch nachsagt, wäre das Letzte, was ich jetzt noch brauchen könnte. Ich hatte nach einer Ernährungsumstellung innerhalb eines Jahres gut 12 kg abgenommen und diese nun wieder zunehmen, nachdem ich sie 1 Jahr gehalten habe, wäre echt arg! Ich muss mich von dem Gedanken trennen, denn offensichtlich brauch ich nun diese Medikamente. Das wird mir zunehmend klarer.

FÜNFUNDDREISSIG

Nebenwirkungen klingen ab …

Nachdem ich nun wegen den unglaublichen Kopfschmerzen etliche Tage Schmerzmittel einnahm, wurde es nun besser. Scheinbar klingen die Nebenwirkungen wieder ab. Auch die Schweißausbrüche werden weniger. Nur dieses „Nicht-denken-Können" ist irgendwie stärker. Mal sehen, vielleicht geht das auch noch weg … hoffentlich bald!

SECHSUNDDREISSIG

Schlaganfall der Seele

Immer wieder beschäftigt mich, heute wieder ganz besonders, wie es zu dem JETZT und HIER hat kommen können, wie es mich so *aus-der-Bahn* hat werfen können.

In meiner Not rufe ich eine Freundin (*selbst Therapeutin, haben gemeinsam Kunsttherapie studiert)* an. Sie sagt mir, das sei doch klar, denn Kränkungen machen krank, Krankheiten bedeuten Kränkung. Die Situation in der Arbeit hat mich einfach erschüttert, zutiefst, und ich wurde nicht nur einmal gekränkt, gedemütigt, auch wenn es von der anderen Seite, so hoffe ich weiter, UNBEWUSST geschehen ist, denn sonst müsste ich ja absolute Boshaftigkeit unterstellen und das würde ich nicht schaffen, gar nicht verkraften. Sie spricht mir Mut zu. Sie beschreibt mir ihren Eindruck, dass das Ganze wie ein Schlaganfall sei, nur eben nicht am Körper, sondern in der Seele, aber durchaus mit körperlichen Folgen. Es würde dauern, diese Erschütterung zu verkraften, anzunehmen und letztlich, davon sei sie überzeugt, zu persönlichem Wachstum und Reife führen. Sicherlich sei das alles für etwas gut! Da sei sie sich ganz sicher. Mich überkommt eine tiefe Dankbarkeit für diese so Mut machenden Worte, den Zuspruch, ihr zuhören, ihr Da-Sein, ihr Verständnis, ohne irgendwelche blöden Ratschläge. Sie ist einfach klasse. Ich werde ihr zum Dank eine Karte schreiben. ☺

SIEBENUNDDREISSIG

Demut und Dankbarkeit

Die Worte meine Freundin wirken nach … Nach wie vor bin ich so dankbar für ihre Worte, durch die ich mich den restlichen Tag viel besser fühlte, eben verstanden, ernst genommen und unterstützt. Was wäre, wenn ich solche Freunde nicht hätte! Daran denke ich in letzter Zeit oft. Ich rufe sie an und bedanke mich. Dabei kommen mir die Tränen. Ich beschreibe, wie gut mir ihre Worte, ihr Verständnis taten. Wir sprechen auch noch darüber, wie es wohl anderen Menschen in so einer Krise geht, die niemanden haben, die keinen Partner, keine Familie, keine solchen Freunde haben, welche zufällig auch noch Therapeuten sind. Mir ist bewusst, dass denen oft nur der Strick bleibt, weil ihnen alles so hoffnungslos erscheint. Ich bin froh, dass ich mein Netz gerade jetzt so spüre, mich darin aufgehoben fühle. Manchmal hat es mich auch überfordert, weil ich vorher so eine herzliche Netzwerkerin war und alle Kontakte immer hegte und pflegte, an Geburtstagen, zu Prüfungen oder anderen Momenten, in denen es meinen Lieben gut tat, an sie zu denken und ihnen eine kleine Herzlichkeit, Aufmunterung, Zuspruch oder „einfach mal so" auf dem Postweg eine Kleinigkeit zukommen zu lassen. Auch deshalb kommen nun viele Nachfragen, warum es *„so still um mich ist"*, was zum einen ja schön ist, zum anderen mir aber auch schnell zu viel und zu stressig wird…

Ich glaube, ich habe zuvor noch nie so eine tiefe Dankbarkeit empfunden! Dankbarkeit und Demut – ein ganz neues Gefühl, welches bis in die letzte Faser meines Leibes spürbar ist. Es ist ein gutes Gefühl, im Gegensatz zu diesen vielen scheußlichen und argen Gefühlszuständen der letzten Zeit, die leider immer noch überwiegen. Wie lange wohl noch? Jetzt, jetzt in dem Moment spüre ich nur dieses wohlige Gefühl in mir, diese Dankbarkeit, die ich kaum in Worte fassen kann. Johann Wolfgang von Goethe erkannte dies auch und sagte einmal dazu:

„Leider lässt sich eine wahrhafte Dankbarkeit mit Worten nicht ausdrücken."

ACHTUNDDREISSIG

Absagen

Fast täglich erreichen mich Absagen aus den laufenden Bewerbungsverfahren, was meine Ängste schürt, wie es mit mir, meinem Leben weitergehen soll. Existenzielle Ängste, wie *„Wie bezahle ich meine Wohnung?"* und so weiter, überkommen mich. Ängste, die ich so nicht kenne. Überhaupt war ich bisher kein besonders ängstlicher Typ. Trotzdem, obwohl ich erstaunt bin, woher ich die Kraft nur immer wieder nehme, schreibe ich elf weitere Bewerbungen. Gut, dass das heute so einfach und schnell via E-Mail möglich ist. Mit handgeschriebenen Lebensläufen wäre ich auf keine weiteren elf Bewerbungen gekommen. Auch wäre es finanziell schwierig, in so viele ordentliche Bewerbungsmappen, farbige Ausdrucke, Versandtaschen und Briefmarken zu investieren. All dies ist einem nicht bewusst, wenn man seiner geregelten Arbeit seit Jahren nachgeht. Da ist es fast verständlich, dass so mancher hart arbeitende Mensch über „Arbeitslose" schimpft und sagt, die sollten eben mehr tun, um einen Job zu bekommen, sich beispielsweise laufend bewerben. Jetzt, wo ich es selbst erlebe, bin ich erstaunt, wie viel Zeit und Kraft dies in Anspruch nimmt.

NEUNUNDDREISSIG

Den Alltag bewältigen

Ich kann es kaum glauben: Es wird immer schlimmer und damit unerträglicher! Es fängt schon in der Früh an. Ich komm kaum aus dem Bett, obwohl ich sowieso nicht schlafen kann und dann ist mir schon alles zu anstrengend, sei es ins Bad zu gehen, mich zu waschen, zu duschen, die Zähne zu putzen. Das ist doch unfassbar! Jeder „normale“, gesunde Mensch tut das alles jeden Morgen und auch ich habe das nun 33 Jahre lang geschafft und jetzt? Jetzt plötzlich krieg ich die einfachsten, die normalsten Dinge nicht mehr hin! Die tägliche Routine überfordert mich, mir fehlt jeglicher Antrieb. Von selber, also automatisch, wie in den letzten 33 Jahren, geht gar nichts mehr. Ich muss mich selbst „in den Arsch treten“, mich selbst quälen, mir sagen: *„Arsch hoch, Zähneputzen, waschen, anziehen!“* Eine einzige Qual – wirklich zum Davonlaufen! Die morgendliche Prozedur kostet mich bereits so viel Kraft, dass ich mich danach eigentlich gleich wieder hinlegen und schlafen könnte. Doch ich gebe, wann immer es mir möglich ist, nicht nach und versuche mich durch morgendliche „Termine“ selbst zu disziplinieren, damit ich einen Grund habe „aufzustehen“, eben weil ich beispielsweise von meiner Oma oder

Tante erwartet werde. Und trotzdem denke ich oft schon frühmorgens, wenn ich noch keine 30 Minuten wach bin: *Lieber Gott, lass es Abend werden!*
Das kann man sich erst vorstellen, wenn man es wirklich in der eigenen Haut erlebt hat. Zumindest hätte ich mir das so zuvor echt nicht vorstellen können.

VIERZIG

Seit 69 Tagen arbeitsunfähig – krank

Heute ist Mittwoch. Es ist 10 Uhr. Da hätte ich in der Arbeit immer eine Besprechung und danach eine Senioren-Gymnastik-Gruppe, aber ich bin krank. Seit 92 Tagen bin ich nun schon arbeitsunfähig – krank, eine halbe Eeeeeeeeeeewigkeit für jemanden wie mich, der eigentlich so quirlig und aktiv ist, der immer etwas zu tun, stets irgendwelche kreativen neuen Ideen, Lebensfreude und Kraft pur hat… Bis eben jetzt, denn jetzt ist alles anders. Ich muss mir eingestehen, dass ich aktuell auch nicht könnte. Ich bin wirklich krank und diese schlaflosen Nächte, da kann man nicht arbeiten, nichts leisten. Wie würde ich da meinen Berufs- und Arbeitsalltag schaffen? Für andere da sein, Kraft spenden, sie in ihrem Leben und Sterben begleiten? Geht gerade nicht. Absolut nicht. Meine Arbeit macht mir zwar Spaß, ja mehr noch, erfüllt(e) mich und nichts wünschte ich mir sehnlicher, doch sie verlangt mir auch viel ab und momentan würde ich das nicht schaffen. Leider. Das muss ich wohl akzeptieren, auch wenn ich es vermisse, auch wenn ich mich nach meiner alten Tagesstruktur, dieser Normalität, nach meinem normalen alten Leben zurücksehne.

EINUNDVIERZIG

Schuldgefühle SELBER SCHULD

Ich fühle mich oft „schuldig“, für alles Mögliche. Dafür, dass es mir so schlecht geht, statt dankbar für mich, mein Leben, mein Auskommen, für alles, was ich bisher getan und erreicht habe, zu sein. Stattdessen bin ich schlecht drauf, undankbar, unglücklich, traurig, dem Leben fast schon überdrüssig, vielleicht lebenssatt, oder sogar lebensmüde? Dabei müsste ich mich eigentlich freuen, dankbar sein, dass ich lebe, doch es gelingt mir nicht, ich kann mich nicht freuen, nicht lachen, nicht mal mit-lachen, wenn andere sich freuen und lachen, was bei mir dann wiederum diese Schuldgefühle hervorruft. Eben „SELBER SCHULD“, selber schuld, dass dir so schlecht geht, dass du eine Anpassungsstörung, Angst, Panik, Depression und was auch immer hast.

ZWEIUNDVIERZIG

Termin bei der Ärztin für Psychotherapie

Die Ärztin für Psychotherapie kennt mich bereits. Bei ihr war ich vor vielen Jahren, um Themen zu meiner Kindheit zu bearbeiten. Auch habe ich sie zwischendrin immer wieder bei kleineren Krisen konsultiert. Sie kannte mich also als Patientin, aber inzwischen auch als Kollegin/Therapeutin durch gemeinsame Klienten. Sie gab mir zum Glück einen Termin von einer Patientin, die kurzfristig verhindert war. Sie ist eine Ärztin mit Herz und Fachverstand, eine tolle Frau, die einem mit Wertschätzung und Empathie begegnet und ich glaube, sie mag mich. Nein, ich weiß es. Ich war froh, zu ihr kommen zu dürfen. Sie und ihre Praxis sind mir vertraut, sodass diese so quälenden Schamgefühle nicht so übermächtig waren. Trotzdem war ich wieder einmal beschämt. Unglaublich beschämt. Warum es nur so weit mit mir hat kommen müssen? Die typische eingehende Frage *„Was haben Sie mitgebracht?“*, die ich selbst in meiner Berufslaufbahn schon unzähligen Klienten gestellt habe, öffnete sofort mein Herz. Ich weinte, weinte und erzählte … Dabei kämpfte ich immer noch mit dem Thema *„Ich habe doch keine Depression! Warum ich? Jetzt soll ich auch noch Antidepressiva nehmen! Was für mich nur Schwäche bedeutet, eben dass ich mein Leben nicht gebacken kriege …“* Zwischendrin entschuldige ich mich beschämt dafür, dass ich andere Menschen mit Depression ja auch nicht als „schwach“ ansehe, aber eben mich. *Warum nur ich? Warum bekomme ich das jetzt?*

Wir sprechen über den Auslöser an der Arbeitsstelle, auch dass dies eindeutig Mobbing sei, dass ich denen dort wohl durch mein (Mit)Wissen, mein Fachwissen und auf Grund meiner Ehrlichkeit zu „gefährlich“ geworden bin. Weiter fragt sie mich noch, ob ich mich dagegen wehren wolle, eventuell arbeitsrechtlich dagegen vorgehen möchte. Doch dazu bin ich nicht der Typ. Ich möchte das alles hinter mir lassen und MEIN LEBEN wieder zurück! Ich möchte mein Lebensglück zurück und nach vorne blicken können. So kommen wir recht schnell wieder ins HIER und JETZT zurück. Sie gibt mir die Diagnose ICD 10 und einen Ratgeber sowie einen Depressionen Selbst-Test, was mir beides fachlich bekannt ist. Trotzdem soll ich es mir durchlesen, vermutlich wegen meiner Widerstände und fehlenden Krankheitseinsicht; ist mir eh klar. Schließlich muss ich es mir erst einmal selbst eingestehen, um mir nicht in die eigene Tasche zu lügen, dass ich wohl eine Depression habe. Ich werde es mir die Tage in Ruhe anschauen und durcharbeiten.

DREIUNDVIERZIG

Neuer Tag

Es ist 8 Uhr. Ich konnte erstaunlich gut schlafen, obwohl mir in der Nacht das Gespräch mit der Ärztin für Psychotherapie noch nachging. Auch sie spricht sich für die Gabe von Citalopram aus, dies solle mir helfen. Na ja, dann wurde mir nun noch einmal bestätigt, die Medizin zu nehmen. Jetzt nehme ich sie ja schon und die Nebenwirkungen werden besser. Inzwischen hab ich nur noch diese plötzlichen Schweißausbrüche und ab und an Schwindel; alles Dinge, die ich so vorher noch nie hatte. Allmählich fällt mir das morgendliche Aufstehen und Duschen, zumindest an manchen Tagen, nicht mehr so schwer. Das war auch etwas, was ich mir so nie habe vorstellen können, denn ich war immer ein Frühaufsteher, ganz nach dem Motto „Der frühe Vogel fängt den Wurm." Ich nutzte gerade die ruhigen Morgenstunden um zu schreiben, das war immer meine kreativste Tageszeit. Heute möchte ich damit beginnen, meine Wohnung umzugestalten. Nachdem ich das schon so lange vorhatte, es aber zeitlich neben der Arbeit nicht unterbrachte, dachte ich, ich nutze diese „freie" Zeit jetzt, wo ich sowieso zu Hause herumsitze, und mach das endlich. Ein Onkel wird mir helfen.

VIERUNDVIERZIG

Nestbau

Die letzten Tage war ich mit meinem „Nestbau" beschäftigt. Mein Onkel half mir bei der Umgestaltung der Wohnung. Von meiner Tante bekam ich drei schöne alte Möbelstücke. Ich liebe alte Möbel. Leider hab ich beim Umräumen immer nur 2 bis 3 Stunden durchgehalten. Ich bin einfach nicht mehr so leistungsfähig wie zuvor. Was wir an 3 Tagen geschafft haben, mach ich sonst an einem halben Tag. Unglaublich. Das stimmt mich eigentlich schon wieder traurig. Doch ein Blick in die „neue" alte Wohnung tröstet mich. Es ist so gemütlich, so schön, auch wenn ich noch vieles, was herumsteht, in die Schränke und Kommoden räumen muss. Ich stelle fest, wie sehr ich meine Wohnung mag und bin sogleich dankbar, denn wie viele Stunden habe ich gerade die letzten Monate hier verbracht und wer weiß, wie viel Zeit ich noch brauch, *„um wieder die alte Marion zu werden“*. So kann ich nun wenigstens mein „Nest“, meine Wohnung, schön nutzen. Ich mische mir drei ätherische Öle in die Duftlampe, brühe Kaffee auf und genieße mein Werk. Herrlich! Ein gutes Gefühl! Ach, könnte ich dieses gute Gefühl nur für immer und ewig festhalten …

FÜNFUNDVIERZIG

„Aufräumwahn“

Heute verspürte ich einen unglaublichen Drang alles zu sortieren, zu sichten, aufzuräumen. Ich habe ganz viel weggeschmissen, ausgemistet, strukturiert und geordnet. Das war ein richtiger Aufräum-Anfall sozusagen. Bis zur Erschöpfung. Nach 2 Stunden Tiefschlaf auf der Couch wachte ich auf, wie befreit, wie neu. Ich fühlte mich noch wohler, freier in der Wohnung, in meinem neuen „alten“ Nest. Eine ganz neue Ordnung, die sich unheimlich gut anfühlt. Herrlich.

SECHSUNDVIERZIG

Meine Hausaufgabe

Es ist Nachmittag, 16 Uhr. Ich mache also endlich meine Hausaufgabe. So ein ähnliches Schaubild fand sich in der Broschüre wieder und es zeigt mir, wie schlecht es mir eigentlich wieder geht.

Die fachliche, konkrete Auseinandersetzung hilft mir zudem, meine Symptome einordnen zu können, zu verstehen und vor allem schenkt es mir das Gefühl *„Ok, dann ist dies oder jenes in diesem Zustand ja auch normal.“*
Letztlich war die Auseinandersetzung mit der Theorie im Sinne einer eigenen Krankheitseinsicht und Annahme meiner jetzigen Situation also hilfreich und ein Stückchen heilsam.

Diagnostik nach ICD-10
Das Klassifikationssystem der ICD-10 klassifiziert, diagnostiziert depressive Erkrankungen auf Grundlage der Symptome und den unterschiedlichen Schweregraden, der Dauer und dem Verlauf und eventuell wiederkehrender erneuter depressiver Erkrankungen. Dabei sind die Symptome in Haupt- und Zusatzsymptome unterteilt. Eine „depressive Episode“ wird dann diagnostiziert, wenn über mindestens zwei Wochen mindestens zwei der Hauptsymptome und zwei Zusatzsymptome auftreten.

Mit dem folgenden Depressionstest, diesen einfachen konkreten Fragen, tue ich mich viel leichter, zumindest, wenn es um mich selbst geht. Das Schaubild benutzte ich in meiner Rolle als Therapeutin/Beraterin immer wieder mit eigenen Klienten. Wenn man mehr als drei der nachfolgenden Fragen mit ja beantwortet, besteht der Verdacht, an einer Depression zu leiden.

- Fühlen Sie sich ohne Grund körperlich oder seelisch schlecht?
- Sind Sie grundlos müde, antriebsschwach und „wie erschlagen“?
- Haben Sie Schlafstörungen?
- Können Sie sich an nichts mehr richtig freuen, selbst an Dingen die früher Freude bereitet haben?
- Sind Sie verunsichert, ängstlich und ratlos, obwohl Sie sich eigentlich ganz anders kennen?
- Fühlen Sie sich lustlos, desinteressiert und gleichgültig?
- Neigen Sie zum ständigen Nachdenken und Grübeln? Kreisen Ihre Gedanken?
- Haben Sie Gefühle von Sinnlosigkeit?
- Haben Sie abgenommen oder Ihren üblichen Appetit verloren?
- Haben Sie in letzter Zeit unerklärliche Beschwerden oder Schmerzen?
- Haben Sie weniger Lust auf Sex oder sexuelle Probleme?
- Denken Sie daran sich etwas anzutun oder Ihr Leben zu beenden?

Ich kann fast alle Fragen mit JA beantworten. Mit jeder Frage steigen mir die Tränen in die Augen. Da sitz ich nun, weinend, fühl mich wie ein Versager, obwohl ich weiß, dass das Schmarrn ist. Trotzdem, jetzt hab ich es schwarz auf weiß. Jetzt hab ich diese Fragen, die ich selbst im Rahmen meiner Arbeit so manchen Klienten mitgegeben oder mit ihnen durchgearbeitet habe, selbst einmal ausfüllen dürfen. – Ein Sch****gefühl!

SIEBENBUNDVIERZIG
Hoffnungsschimmer

Ich bin zu einem Vorstellungsgespräch eingeladen, freue mich darauf, überlege sogleich, was ich anziehen werde. Gleichzeitig bin ich jedoch besorgt. *„Was ist, wenn diese Profis mir ansehen „Mit der stimmt was nicht, die nimmt ein Antidepressivum …?“* Diese Gedanken schiebe ich weg und bleibe positiv, was mir gelingt. Vor allem ist es purer Schmarrn, das kann man mir gar nicht ansehen, ich sehe völlig normal aus. Dies zeigt mir erneut, wie sehr meine „Depression“ *(allein das Wort fällt mir immer noch schwer)* auch mit einer Perspektivenlosigkeit zusammenhängt. Ich bin sofort besser drauf, meine Grundstimmung ist stabiler, sobald sich eine Aufgabe, ein Sinn in mein Leben drängt, wie beispielsweise die Hoffnung auf eine Dienststelle und sicherlich auch das Wissen, an den alten Arbeitsplatz nicht zurückzumüssen. Es zeigt mir jedoch auch, wie wichtig mir Arbeit und Leistung sind, wie sehr ich dies in mir mit GESUND und NORMAL gleichsetze. Auch zeigt es mir, dass ich meinen überwiegenden Teil an Lebenssinn offensichtlich aus meiner Arbeit ziehe, was auf Dauer auch nicht gesund ist. Irgendwann muss ich mich wohl auch damit beschäftigen. Arbeit und Arbeitsleistung sind nicht alles im Leben ... Eigentlich weiß ich das – kognitiv zumindest.

ACHTUNDVIERZIG

Neue Absagen

Es ist 16.30 Uhr. Das Handy zeigt neue E-Mails an. Gleich 3 Mails. Gleich 3 weitere ABSAGEN auf einen Schlag. Herrlich! ☹ Zieht mich runter.

NEUNUNDVIERZIG

Ich trinke

Ich bin Weinliebhaberin und trinke gerne guten Wein. Doch in letzter Zeit, gerade nach Absagen oder wenn ich unruhig bin, trinke ich mehr und anders. Ich trinke nicht zum Genuss, sondern benutze Alkohol als Medizin, Fluchtmittel und Beruhigungsmittel und bilde mir ein, damit geht es mir dann besser. Aber das Gegenteil ist der Fall. Mir geht es noch viel schlechter. Spätestens am nächsten Tag, doch auch nachts, wenn die Wirkung des Alkohols nach einigen Stunden nachlässt, lieg ich wieder schlaflos im Bett und habe noch negativere Gedanken als sonst. So wirkt der Alkohol also nur kurzfristig beruhigend und entspannend. Obwohl mir das eigentlich bewusst ist, trinke ich viel mehr als früher, was mich besorgt, doch tue ich es weiterhin. Mit diesem Wissen und dieser Sorge sprach ich mit meiner Hausärztin, obwohl mich das sehr beschämte. Sie nahm es ernst und fragte, ob ich den Selbsttest mitnehmen wolle. Diesen nahm ich mit und werde ihn die Tage mal Zuhause machen. Sie spricht mir Mut zu, weil sie es ganz toll findet, dass ich so offen alles mit ihr anspreche und wie reflektiert ich bin. Da kommt wohl doch die „Fachfrau" irgendwo in mir drin, aktuell jedoch irgendwie tief in mir vergraben, durch.

FÜNFZIG

Selbsttest

Ich mache den Selbsttest, den ich von der Hausärztin bekam. Dazu muss ich bei nachfolgenden Fragen ehrlich ankreuzen, was zutrifft und was nicht:

1. Trinken Sie täglich Alkohol?

ja nein

2. Denken Sie oft an Alkohol und haben Sie immer einen Vorrat an Alkohol zu Hause?

ja nein

3. Sind Sie nervös oder zittern, wenn Sie keinen Alkohol zur Verfügung haben?

ja nein

4. Verlieren Sie die Kontrolle, wenn Sie Alkohol getrunken haben?

ja nein

5. Brauchen Sie schon morgens Alkohol um in den Tag zu starten?

ja nein

6. Hat Sie schon mal jemand auf Ihr Trinkverhalten hingewiesen?

Ja nein

7. Haben Sie versucht, Ihr Trinken zeitlich einzuteilen, beispielsweise vor einer bestimmten Uhrzeit nichts zu trinken?

ja nein

8. Trinken Sie bei Stress vermehrt Alkohol ?

ja nein

9. Haben Sie durch Ihren Alkoholkonsum finanzielle Schwierigkeiten?

ja nein

10. Sind Sie schon einmal unter Alkoholeinfluss Auto gefahren?

ja nein

11. Hatten Sie schon einmal einen Filmriss nach Ihrem Alkoholkonsum?

ja nein

12. Haben Sie morgendliche Beschwerden, beispielsweise Brechreiz nach Alkoholkonsum?

ja nein

Ergebnis: Ich bin schockiert, wie viele Fragen ich mit JA beantworten kann. – Ähnlich wie bei dem Depressionstest. Es beruhigt mich jedoch auch, dass ich einige Fragen, gottlob (noch) mit NEIN beantworten kann. Zur Auswertung ist notiert: Bewerten Sie den Test in folgender Weise: Je mehr Antworten Sie mit „ja" beantwortet haben, umso wahrscheinlicher ist es, dass Sie ein Alkoholproblem haben oder entwickeln. Der Test soll zum Nachdenken anregen. Letztendlich kann nur jeder für sich seinen Alkoholkonsum einschätzen und sich notfalls selbst eingestehen, suchtgefährdet oder bereits abhängig zu sein und sich dementsprechend Hilfe zu suchen.
Bravo! Jetzt dann bald auch noch Alkoholikerin? Wunderbar!

EINUNDFÜNFZIG

Leistungsorientierung und „nicht-wahr-haben-wollen"

Immer wieder denke ich daran, wie es hat soweit kommen können, was der Auslöser war und ob ich es früher hätte erkennen müssen – ich, als „Fachfrau" …
Ein Punkt wird mir dabei immer klarer: meine eigene Leistungsorientiertheit – *„Ich, die starke Marion, die alles schafft und wenn es auch mal schwierig ist …"* Schwäche und Marion passen nicht zusammen – NEIN! Meine eigene Haltung von *„Höher-Schneller-Weiter"* veranlasste mich, mich selbst nicht ernst zu nehmen und mir immer wieder zu sagen: *„Lass dich*

nicht so gehen!", „Reiß dich doch zusammen, wo dir doch nichts fehlt!", „Das wird schon wieder!" Umso mehr ich mich dagegen wehrte, mir selbst immer wieder einen Arschtritt verpassen wollte, umso weniger ging es, ich konnte nicht mehr ... Das einzusehen, ja es scheint mir wirklich als ein „Nicht-wahr-haben-wollen", das alleine hat schon lange gedauert, dann noch das „Sich-gegen-die-Tabletten-wehren", eben wegen der fehlenden Einsicht ... Und jetzt, jetzt hab ich den Salat! Jetzt dauert es vermutlich noch länger, bis irgendwann wieder Licht kommt und alles wieder heller, fröhlicher, entspannter sein wird, ich wieder ICH sein werde.
Und immer wieder holt mich trotzdem dieses *„Reiß-dich-zusammen-Marion!"* ein, nicht mehr so oft, aber doch immer wieder ...

ZWEIUNDFÜNFZIG

Es kann jeden treffen – auch Fachfrauen

Mich beschäftigt wieder einmal, warum ich „es" nicht früher bemerkt habe, mir nicht früher eine andere Stelle gesucht habe, bevor es dort so eskaliert ist, warum ich mich so blind und gutgläubig einem solchen krankmachenden System ausgesetzt habe ... Ich weiß doch um solch Mechanismen, dass das auf Dauer keiner durchhält, man am Ende an Depression, Burnout und so weiter erkrankt, vielleicht zu trinken beginnt ... Tja, da kann man wohl noch so eine gute Fachfrau sein wie man will, sobald es um einen selbst geht, ist man einfach „zu dicht dran“, mittendrin eben. Man sieht es nicht, man nimmt es selbst nicht wahr. Da ist man einfach Mensch, keine Fachfrau, kein Experte oder Therapeut mehr. Und wenn fast jeder Fünfte, laut Statistik, mindestens einmal im Leben an einer Depression erkrankt, macht auch das weder vor Bundeskanzlern, Prominenten, Ärzten, Erfolgreichen, Nichterfolgreichen, Armen oder Reichen, vor NIEMANDEM halt. Es kann jeden erwischen, von heute auf morgen. Und jetzt, jetzt hat es leider mich erwischt. Das ist arg, aber immer wieder erreicht mich das Gefühl, dass es wohl für irgendetwas gut sein muss!? Ist das mein Schicksal? Musste das alles so kommen? Das wird doch nicht alles umsonst gewesen sein? Jean Paul sagte einmal dazu:

„Das Schicksal geht mit uns wie mit Pflanzen um:
Es macht uns durch kurze Fröste reifer.“

Wenn ich diesem Zitat Glauben schenke, dann werde ich aus dieser Sache, diesem schon viel zu lang andauernden Alptraum, hoffentlich gestärkt und reifer herausgehen. Hoffentlich!

DREIUNDFÜNFZIG

Absage vom Hoffnungsschimmer

Auch von dem letzten Vorstellungsgespräch, meinem Hoffnungsschimmer, bekam ich eine Absage. Leider.

Na ja, ich wusste, dass sie viele Bewerber haben. Trotzdem, ich hatte so darauf gehofft, hatte mich so daran festgehalten, endlich wieder zu arbeiten, mich sinnvoll einbringen zu können.
Mir geht es wieder schlechter …
Richtig besch*****!

VIERUNDFÜNFZIG

Schlaflosigkeit

… und wieder kann ich seit Tagen nicht schlafen, wache fast täglich, beziehungsweise nächtlich gegen 2 Uhr auf.
Heute, jetzt ist es 2.13 Uhr. Grausam. Warum kann ich nicht schlafen? Jetzt hab ich mich extra tagsüber zusammengenommen nicht zu schlafen, um in der Nacht schlafen zu können. Und das Beunruhigendste dabei ist, dass es nicht „kontrollierbar" ist, nicht „steuerbar" und sich scheinbar verselbständigt. Wann wird es „chronisch" sein? Ich halte das nicht mehr aus. Dazu kommt dann die Grübelei um selbiges Thema, schon bevor es Abend wird, nämlich solche automatisch sich mir aufdrängenden Gedanken wie *„Wie wird die Nacht werden? Hoffentlich kann ich schlafen! Sicher werde ich wieder stundenlang wachliegen, grübeln, mich quälen. Wie soll ich den nächsten Tag schaffen, wenn ich nicht ausgeschlafen bin? Was stimmt denn nur mit mir und meinem Kopf nicht? Was hält mich wach? Wenn das so weitergeht, werde ich noch ver-*

rückt! Ich bin nicht mehr dieselbe wie früher! Früher war Schlafen kein Problem. Sollte ich ein Schlafmittel nehmen? Doch wird man da nicht abhängig?"
Diese Gedankenschleife, die sich immer wieder wiederholt und nicht abstellbar ist, löst solch negative Gefühle in mir aus, macht mir Angst, erschöpft mich ...
Ich bin unruhig und angespannt.

FÜNFUNDFÜNFZIG

Angst(hase)

Ich war nie ein Angsthase. Nichts jagte mir so schnell Angst ein. Außer Spinnen. Doch inzwischen habe ich oft Angst, vor allem Möglichen und Unmöglichen. Jetzt gerade auch. Diese Angst ist diffus. Ich habe vor nichts Konkretem Angst, aber sie ist immer da – und wie! Diese Angst beschleicht mich, erfasst mich, schlüpft in mich hinein oder man könnte auch sagen „überrollt mich von hinten", plötzlich und unerwartet, schwer zu beschreiben. Sie ist dann einfach da und beherrscht mich, körperlich, geistig und seelisch. Am liebsten möchte ich mich dann verkriechen, unter die Bettdecke, mich schützen oder davonlaufen. Begleitet wird die Angst von einer unheimlichen Unruhe, die mich dann in die Bewegung treibt, umtreibt, mich an den Fingernägeln zuppeln oder beißen, mit den Füßen zappeln oder tippen lässt. Wenn es ganz schlimm ist mit der Angst und der Unruhe, dann bekomme ich Herzrasen dazu. Das Blut pocht bis zum Hals herauf

und ich schwitze. In diesen Momenten bin ich unfähig, irgendwas zu tun, zuzuhören, ….
Und es sollte noch schlimmer werden.

SECHSUNDFÜNFZIG

Angst und Panik – wie die Hölle auf Erden

Ich war gerade in einem Supermarkt, als ich urplötzlich und völlig unerwartet Schweißausbrüche bekam, mit Schwindel, Herzrasen und schwerer Atmung. Ich hatte das Gefühl, als ob ich einen Kreislaufkollaps oder Herzinfarkt bekomme und dachte nur: *„Jetzt spinnst du völlig, Marion!“* Ich ging aus dem Laden und setzte mich nicht weit entfernt auf eine Bank, völlig entrüstet über diesen plötzlichen *Vorfall*, den ich mir nicht erklären konnte. Es wurde dann nach wenigen Minuten besser und ich setzte meinen Einkauf fort. Ich dachte jedoch darüber nach, was das wohl gewesen sei. So etwas kannte ich bisher nicht. Nur eins wusste ich: Es war „die Hölle.“ So etwas brauche und möchte ich nicht noch einmal erleben müssen.

SIEBENUNDFÜNFZIG

Abends begann es wieder

Völlig entspannt auf der Couch, etwa 4 Stunden nach dem Vorfall beim Einkauf, begann es wieder. Es war nur noch viel schlimmer! Ich spürte zusätzlich meine

Arme nicht mehr, meine Arme von den Ellbogen abwärts bis zu den Händen. Ein irres Gefühl, vor allem irre beängstigend! Ich dachte, ich werde verrückt, ja mehr noch, ich müsste sterben. Dazu kam noch dieses „nicht-atmen-Können", Wahnsinn! Auch dieser „Zustand" klang wieder ab und ich war so dankbar, meine Arme und Hände wieder zu spüren. Ich konnte mir wieder nicht erklären, was das war und was der Auslöser war. Ich fühlte mich doch völlig entspannt!? Diese komischen Vorfälle häuften sich die Tage und breiteten sich auf die Beine aus, die manchmal nur weh taten, aber eben auch manchmal wie taub waren, wie nicht da, nicht mehr zu spüren. Ein wirklich extremes Gefühl breitete sich aus, was mir Angst macht, Angst, die Kontrolle über mich, meinen Körper zu verlieren. Ich denke, das muss ich zeitnah bei meiner Hausärztin ansprechen.

ACHTUNDFÜNFZIG

Angst vor der Angst

Inzwischen hab ich nicht mehr nur Angst, sondern auch schon Angst davor, also vor der Angst. Ein richtiger Teufelskreis. Nachdem ich nun einige Male solche Angst, ja fast schon Panik hatte, war ich danach so dankbar, als es wieder aufhörte. Es beschlich mich aber die Angst, dass so eine „Attacke" wieder und jederzeit neu auftreten könne. Diese Angst vor der Angst nennt man „Erwartungsangst". Dadurch stehe

ich quasi schon ständig in „Alarmbereitschaft“, was mich körperlich ziemlich angespannt macht. Ich hab in einem nahegelegenen Kloster sogar extra eine Kerze entzündet und gebetet, dass ich SOWAS bitte nie wieder habe.
Wirklich unglaublich, solch eine Angst kenne ich nicht und hätte ich so nie für möglich gehalten. Ein schier nicht-aushaltbarer Zustand, den man sich nicht vorzustellen vermag. Ich vereinbare einen Arzttermin.

NEUNUNDFÜNFZIG

Arzttermin – WAS ZUM TEUFEL IST DAS?

Völlig beschämt und verängstigt saß ich nun wieder in der Praxis meiner Hausärztin. Bis ich dran war, machte ich mir Gedanken, wie ich das denn beschreiben solle…
Ich erzählte also von diesen seltsamen Erfahrungen, ja „Zuständen“. Die Ärztin (wie immer klasse, einfach empathisch) hörte aufmerksam zu, machte sich Notizen und nickte. Auf das Nicken hin musste ich wieder weinen und fragte: „WAS ZUM TEUFEL IST DAS?“ Und ich hängte direkt die nächste Frage daran, bevor ich eine Antwort abwartete: „DAS KOMMT DOCH NICHT WIEDER!? DAS HALTE ICH NÄMLICH GANZ BESTIMMT NICHT NOCH EINMAL AUS!“ Sie erklärte mir ihre Vermutung, dass dies Angst und Panikattacken sein könnten und fragte, ob ich ein Notfallmedikament mitnehmen wolle. Ich weiß noch, wie ich

dasaß und dachte: *„Das ist ja wirklich nett, aber ich will keine weiteren Medikamente. Mir reicht es, ich kann nicht mehr, ich will nur, dass SOWAS nicht noch einmal kommt. Ich habe Angst und kann wirklich nicht mehr!“* Ich nahm das Rezept trotzdem mit, für alle Fälle. TAVOR.
Nun also auch noch Angst- und Panikattacken. F41.0. Es soll doch nun endlich besser werden und nicht immer noch was „Neues“ dazukommen.

SECHZIG

Endlosschleife – wann hört das alles auf?

Ich liege in meinem Bett und bin völlig platt zu meiner eigentlich üblichen Schlafenszeit. Mir tut mein ganzer Körper weh, am meisten auf der Brust, wie eine Art Druck fühle ich. Das Atmen fällt mir schwer und mein Puls ist spürbar schneller als sonst. Mein ganzer Körper spielt verrückt. Ich will schlafen. Ja mehr noch, ich will, dass das endlich alles aufhört, dass ich aus diesem Alptraum endlich aufwache und wieder ich, wieder glücklich bin und meinen Lebensweg weiter gehen kann. Ja, ich wünsche mir nichts sehnlicher, als dass es endlich aufhört. Es soll einfach aufhören, endlich aufhören! All diese negativen Gefühle, dieses Herzklopfen, die Gedanken, das Grübeln, die Unruhe sollen einfach weggehen, auch diese sich mir ständig aufdrängenden Gedanken, die immer nur negativ sind und sich immer wieder nur um dieselben

Dinge drehen. Was hab ich nur verbrochen, dass ich mit 33 Jahren so am Ende bin? Endlosschleife. Es soll einfach aufhören. Ich kann und will nicht mehr.

Endlosschleife

Endlosschleife
jeden Tag das gleiche
grübeln, grübeln, grübeln und grübeln
Angst und Panik
Unruhe
Herzklopfen
Puls spielt verrückt
Sorgen, bis ich verrückt werde
nicht-schlafen-Können
Ständiges Drandenken „Warum?“
Wann hört das auf?
Was soll das alles?

Endlosschleife
jeden Tag das gleiche

Marion Jettenberger

EINUNDSECHZIG

Angst kann echt die Hölle sein!

Bei einer weiteren plötzlich auftretenden Angstattacke war ich doch froh, eine TAVOR zur Verfügung zu haben. Dass ein Mensch so eine Angst aushalten kann und muss, ist echt schlimm. Ich dachte nie, jemals so große Angst zu haben, dass ich in dem Moment wirklich daran denke „sterben zu müssen“. Das kann echt die Hölle sein! Ich nutzte die Einnahme von Tavor nur 2 Mal. Es half. Ich hätte sonst sicherlich getrunken, um mich einfach anders zu „betäuben“ und hab danach (bisher) nie wieder ein Tavor „gebraucht“. ABER ich hab eins dabei, für alle Fälle und mir hilft es zu wissen, dass ich was dabei hab – das nimmt mir diese besch***** Angst vor der Angst, die einen wirklich verrückt, ja irre machen kann.

ZWEIUNDSECHZIG

Empfindungen von Sinnlosigkeit

Mir ist der Sinn abhanden gekommen. Dabei fällt mir wieder einmal auf, wie viel mir meine Arbeit, meine Arbeitskraft und das, was ich tat, Sinn schenkte, wie sehr mich das erfüllte, sodass ich jetzt eine große Leere verspüre. Immer wieder denke ich auch darüber nach, so nicht mehr leben zu wollen. Aber ich denke nicht daran, mich umzubringen, das nicht. Ich bin (selbst jetzt noch tief in mir, auch wenn es irgendwie verschüttet ist, es ist noch da, irgendwo) lebenslustig und froh. Ich mag mein Leben, auch wenn es jetzt nicht so ist. Mein Leben scheint mir jetzt zwar sinnlos, zum Sterben aber doch (noch?) zu kostbar … Ich hab ja die Hoffnung, dass es anders wird, wieder so wie vorher. Dieses sensible Thema getraue ich mich mit kaum jemandem zu besprechen, denn dann glaube ich, die denken gleich: „*Die wird sich doch nicht umbringen?*" Das will ich nicht, denn so ist es ja auch nicht. Nur SO, SO wie mein Leben JETZT ist, SO mag ich es nicht mehr. SO kann ich einfach nicht mehr weiter leben.

DREIUNDSECHZIG

Noch am selben Tag

Diese Gedanken, dieses „*Mein Leben scheint mir jetzt zwar sinnlos, doch zum Sterben würde es auch nicht reichen …*" und die damit verbundenen Hoffnung, dass es doch bald, ja endlich besser wird, lassen mich nicht mehr los. Ich überlege sogar, ob das wirklich keine suizidalen Gedanken sind und komme zu dem Schluss: Nein, umbringen würde ich mich nicht. Wäre ich dazu nur zu feige? Nein. Ich mag ja eigentlich mein Leben, bin glücklich, erfolgreich, zufrieden – nur eben jetzt gerade nicht. Das ist sicher nur eine Phase und wird wieder vergehen. Das sage ich mir immer wieder. Dazu kommt noch, dass ich sehr viel Alkohol trinke, eigentlich schon die ganze Zeit, seit es mir so schlecht geht. Ich trinke immer mehr. Kaum ein Abend vergeht, an dem ich nichts trinke. Es beruhigt mich, allerdings nur für wenige Stunden, aber es beruhigt mich in so manchen Stunden der Unruhe und Angst. Und diese wenigen Stunden sind es schon wert.

VIERUNDSECHZIG

Neuer Besuch bei der Ärztin für Psychotherapie

In der heutigen Sitzung mit der Ärztin für Psychotherapie bekam ich die „Hausaufgabe", einen sogenannten Depressions-Kalender beziehungsweise ein Tagebuch zu führen. Um auch zwischen den Sitzungen ein Bewusstsein für meine Grundstimmung und den Wechselwirkungen zu bekommen, sollte ich diesen Vordruck für den Stimmungskalender nutzen. In den Gesprächen und Sitzungen könnten wir dann meine Beobachtungen auswerten, meine Entwicklungen beobachten und Zusammenhänge erkennen.

So fülle ich also täglich den Bogen aus. Beispiel: Ich bin morgens aufgestanden, habe bereits zwei Mails im Posteingang, beides negative Nachrichten. Eine Mail des ehemaligen Arbeitgebers, ich solle meine persönlichen Dinge abholen kommen und eine erneute Absage von einer meiner zahlreichen Bewerbungen. Sofort war meine Stimmung im Keller und es ging mir nicht nur schlecht, sondern sehr schlecht, sodass ich den Vorfall „Absage" und „Arbeitgeber" eingetragen sowie SEHR SCHLECHT angekreuzt habe. An diesem Tag war ich bis zum Abend schlecht drauf, was ich auch vermerkte, nachts konnte ich gottlob, was selten war zu dieser Zeit, gut schlafen, machte also dort ein Kreuz bei GUT.

Datum: 21.6.	Stimmung/ Befinden				Vorfall/Ereignisse Medikamenten-einnahme Alkohol?
Zeit	**sehr schlecht**	**schlecht**	**gut**	**sehr gut**	
Morgens 4⁰⁰ Uhr … 9⁰⁰ Uhr	☹ hellwach starke Unruhe		☺ Frühstück		weißer Tee tut gut
Mittags 12³⁰ Uhr … 13³⁰	☹ Postkasten weitere Absagen zieht mich runter →		☺ Mittagessen		→ Sinnlosigkeit macht sich breit Zukunftsängste
Nach-mittag 15⁰⁰–18⁰⁰ Uhr		☹ sehr müde →	schlafe 3 Stunden		
Abends 19⁰⁰ Uhr	☹ starke Unruhe Grübelei →			weißer Tee später 2 Glas Wein helfen	
Nachts 21⁰⁰ Uhr … 23⁰⁰ Uhr	wache auf sofort Unruhe		Telefonat mit Partner		

Am nächsten Tag, ich nahm eine neue Tabelle zur Hand, war bis Mittag alles gut, doch dann traf ich eine alte Kollegin, die mich auch noch fragte, wie es mir geht. Dies hat mich so aufgewühlt, dass ich „Kollegin" bei Vorfall eingetragen hatte und die Stimmung mit SEHR SCHLECHT ankreuzte. So führte ich es fort. Ich notiere also einfach die Stimmungen, je nach Tageszeit, und eventuelle Vorfälle oder mögliche Auslöser in die Tabelle ein.

FÜNFUNDSECHZIG

„Der-hat-Recht"

Einige Tage später, nach einer weiteren Absage von einem eigentlich sympathischen und gut gelaufenen Vorstellungsgespräch (zumindest meinem Gefühl nach) schien es mir so, als sei es das Ende.

In meiner Sorge und Verzweiflung, wie es denn nun weitergehen solle, mit starker innerer Unruhe und dem Gefühl „jetzt-nicht-alleine-sein-zu-können", rufe ich meine Tante an. Mein Onkel geht ans Telefon. Er sagt: *„Marion, das ist nicht das Ende. Sicherlich hast du nur das Gefühl, als sei es so, weil du keine Aussichten hast. Und du bist ein Mensch, der Aussicht braucht, Perspektiven, sei es mit sozialen Projekten, ein neuer Artikel oder ein neues Buch, ja und vor allem eben Arbeit, eine sinnerfüllte Arbeit. Du bist niemand, der gern und lang daheim rumhockt…"* Weiter darüber nachgedacht und schon ein wenig ruhiger, wird mir bewusst, dass es nur die Perspektivlosigkeit war, die dieses Gefühl des „DAS-IST-DAS-ENDE" in mir hervorruft, eben nicht zu wissen, wie es weitergeht. Er hat Recht. Wie froh bin ich, dass er das gesagt und erkannt hat. Und wie dankbar bin ich um diesen Rückhalt, denn wenn mein Partner, mein Vater, Onkel und Tante, mein soziales Netz nicht dagewesen wäre, weiß ich nicht, was heute, gestern, die letzten Monate, diese 101 Tage lang, noch passiert wäre.

SECHSUNDSECHZIG

Wieder bei der Ärztin für Psychotherapie

Ich bringe meine „Hausaufgabe" mit, mein Depressions- beziehungsweise Stimmungstagebuch, welches wir auswerten, damit ich meine neue „Hausaufgabe" bekomme. Wir stellten schon nach wenigen Tagen ein klares Muster fest, sowohl was mir alles gut tat, aber auch was Stress auslösend und belastend war und sich so auf meine Stimmung auswirkte. Was mir noch half, war die Spalte der Medikamente und des Alkohols, um auch die Veränderungen und Schwankungen im Zusammenhang mit den Medikamenten und wenn ich etwas trinke zu sehen. Die neue Hausaufgabe lautete „Was mir gut tut" herauszufinden und umzusetzen.

SIEBENUNDSECHZIG

Hausaufgabe „Was mir gut tut"

Es ist Freitag früh um 7 Uhr, ich bin seit 4 Uhr wach, kann nicht schlafen. Nachdem ich brav alles ins Stimmungstagebuch eingetragen habe, beschließe ich, gleich meine „Hausaufgabe" zu machen. Mein Ziel: Ich möchte mich darauf konzentrieren, mir jeden Tag etwas „Gutes" zu tun, mich den Dingen gezielt zuzuwenden, die mir gut tun, wie zum Beispiel eine heiße Badewanne mit ätherischen Ölen, schönem Duft, ausgewählten Teesorten sowie bestimmten Bücher und Texten. Auch Schokolade und selbst gekochtes, gesundes, heißes Essen, Kuchen vom Konditor ... Letzteres ist schwierig wegen den Kalorien und der Angst vor einer Gewichtszunahme, gerade in Verbindung mit Verhütung und Antidepressivum. Außerdem neige ich leider dazu, schnell, aber eben tückisch, schleichend zuzunehmen, ohne es gleich zu bemerken. Also lieber mehr von den „alles-was-mir-gut-tut-Dingen" OHNE KALORIEN. ☹

ACHTUNDSECHZIG

Rückschlag nach wenigen „helleren Tagen"

Mir geht es wieder schlechter. Mir ist alles, aber auch alles zu anstrengend: aufstehen, duschen, rausgehen. Ich bin unglaublich erschöpft, müde, könnte fast nur schlafen. Auch das Lesen und Schreiben macht mir keine Freude, gibt mir nichts, weshalb es heute auch bei diesem kurzen Eintrag bleibt. Ich lege mich wieder hin.

NEUNUNDSECHZIG
DIE-WOLLEN-MICH-AUCH-NICHT

Neuer Tag. Ich gehe zum Postkasten: Rechnungen, Rechnungen UND Post aus den Bewerbungsverfahren! Mein Herz klopft, ob es geklappt hat? Wäre das toll, wieder einmal ein „normales Leben“ mit normalem strukturierten Alltag leben zu können! NEIN. Wieder eine Absage. Das darf doch nicht wahr sein! Ich dachte, die nehmen mich, denn meine Qualifikation und meine zusätzlichen Referenzen passen ideal in deren gesuchtes Profil. ABER: Die wollen mich eben auch nicht. Was für ein beschissenes Gefühl ... Und da soll man keine Selbstzweifel haben?

SIEBZIG
Das ewige Nichtstun

Manch einer stellt sich vor, mal einige Tage lang nichts tun zu müssen, zu nichts verpflichtet zu sein, in den Tag hineinzuleben. Ganz anders jedoch ist das bei dieser Krankheit! Dieses ewige Nichtstun, keine Aufgabe zu haben, das ist wirklich kein Spaß, das kann einen wirklich verrückt machen! Also ich bin fürs „Nichtstun“ offensichtlich nicht geschaffen. Mir fällt die Decke auf den Kopf, es stellen sich Gefühle von

Sinnlosigkeit ein, auch einer Art Wert- und Nutzlosigkeit. Und nun dauert der Zustand schon sooooo lange an. Inzwischen kann ich mir gut vorstellen, wie es einem Langzeitarbeitslosen gehen muss, der ja nicht krank ist und gerne arbeiten gehen möchte – und wie werden die auch oft verurteilt als „Blaumacher" oder „Faulenzer".
Die letzten Tage erhielt ich Anfragen, verschiedene Artikel zu verfassen, auch ein Buchauftrag lag im Postkasten, doch ich kann es nicht, so sehr ich es auch möchte. Eine sinnvolle Aufgabe täte mir gut, doch kann ich aktuell geistig nichts leisten, ich kann ja kaum denken, mich konzentrieren. Die einfachsten Worte fallen mir nicht ein und mitten im Denken, mitten im Satz entfällt mir, was ich gedacht habe oder sagen wollte. Also unmöglich. So schön das auch wäre und wie sehr es mich persönlich ja auch weiterbringen würde hinsichtlich neuer Referenzen, es geht einfach nicht. Da merke ich wieder, wie „krank" ich (noch) bin, dass ich nichts, einfach auch gar nichts hinbekomme … Echt frustig und unendlich traurig!

EINUNDSIEBZIG

Damit „niemand-was-merkt"

Ganz wichtig ist mir ja, verbunden mit diesen argen Schamgefühlen, dass niemand was merkt, auch damit ich beruflich, gerade im Bereich Heilpädagogik, Beratung und Therapie, noch Chancen habe. Wenn jemand was merkt, nimmt mich kein Arbeitgeber mehr. Obwohl das auch Schmarrn ist, denn wer sagt denn, dass nicht auch angesehene Therapeuten, Psychiater, Ärzte einmal einen „Durchhänger“ haben, Lebenskrisen erleben, an Angst und Panik leiden oder eine Depression ereilt. Gerade diese Berufsgruppen, die mit so viel Leid, Krankheit, Sterben und Tod zu tun haben, sind sicherlich gefährdet(er). Eigentlich logisch. Trotzdem ist es mir wichtig, weil leider nicht alle so denken, dass niemand was merkt und das geht nur mit allerlei Notlügen, was mich wiederum auch stresst und mich dann stundenlang grübeln lässt, mir ein unglaublich schlechtes Gewissen macht. Unschön. Wenn ein Verlag beispielsweise anfragt, muss ich mir sogleich eine Lüge ausdenken, warum ich keine Zeit habe für sie etwas zu schreiben, damit nur niemand merkt „DIE ist ja psychisch krank.“

ZWEIUNDSIEBZIG

Ständig So-tun-als-ob und Alles-ist-gut-Gehabe

Am anstrengendsten ist wohl dieses ständige So-tun-als-ob, eben sich ständig zu verstellen, zu verbiegen, damit niemand merkt, wie es eigentlich um mich steht. Dieses ständige Vorspielen von Alles-ist-gut-Getue kostet mich unglaublich Energie und ehrlich gesagt kotzt es mich manchmal auch an. Am liebsten würde ich laut rausschreien wollen: JA ICH BIN DEPRESSIV, ICH BIN VÖLLIG AM ENDE – NA UND?

BIN ICH DESHALB WENIGER WERT? Die Gesichter würde ich gerne sehen und die Reaktionen kann ich mir direkt vorstellen *„Die hat sie wohl nicht mehr alle!“, „Was ist denn mit der los?“* Doch die Scham und die Vernunft überwiegen und spätestens wenn mich der Nächste fragt *Wie geht es dir?* spiele ich weiter meine Rolle und tu so-als-ob.

DREIUNDSIEBZIG

Einladung zum Geburtstag

Eine Freundin lädt mich zum Geburtstag ein. Ich habe das Gefühl, nicht nicht-hingehen zu können. Hingehen scheint mir aber auch unmöglich. Die Vorstellung freundlich zu lächeln, so zu tun als ob, nicht so sein zu können, wie ich bin, wie es mir gerade geht, es verbergen müssen, ist schrecklich ... Außerdem müsste ich mich dann auch noch schick anziehen, duschen ... Puuuuuh. Ich zwinge mich förmlich dazu und gehe hin. Nach nur 2 Stunden verabschiede ich mich mit der „Notlüge“, mir sei es nicht gut. Ich seh eh „beschissen“ aus, müde und erschöpft. Manch einem fiel es auf und er sprach mich an, was ich dann weglächelte und mit „nur müde“ begründete. Zwei bis drei Begegnungen konnte ich jedoch nichts „vormachen“, die kennen mich zu gut. Außerdem kostet es mich viel Kraft, mich zu verstellen. Es schmerzt mich auch, denn genau für das stand ich doch bisher in meinem Leben, ehrlich und authentisch sein zu dürfen, egal ob der

Bundeskanzler oder die Queen vor mir steht. Offen, ehrlich, authentisch. Und jetzt, jetzt bin ich so beschämt oder es ist mir manchmal auch einfach nur zu anstrengend ins Gespräch zu gehen, mich zu erklären. Zudem ist mir bewusst, dass ich 1. meinen eigenen aktuellen „Zustand“ noch viel zu wenig in Worte fassen kann, und 2. nicht so gut, damit es jemand, der sich mit diesem Thema nicht auskennt, ernst nehmen und verstehen kann. Ich verstehe es ja an vielen Tagen selbst nicht mal.

VIERUNDSIEBZIG

Sich-zurückziehen

Sozialer Rückzug, wie ich inzwischen weiß, ist ein typisches Symptom der Depression. Insgesamt ziehe ich mich mehr und mehr zurück. Ich entziehe mich fast allen sozialen Kontakten, soziale Kontakte, die mir immer so wichtig waren, auf die gerade ich immer so Wert legte, sie zu pflegen und zu hegen. Ich geh kaum noch ans Telefon, lasse zunächst alle aufs Band sprechen, um zu sehen, wer es ist und ob ich aktuell in der Lage bin zu sprechen; sicherlich auch deshalb, weil ich mich selbst nicht mehr sprechen hören kann, weil es nichts Gutes zu berichten gibt, ich mich aber auch nicht ständig verstellen will. In den seltensten Fällen rufe ich zurück. Oft brauche ich tagelang, um mich aufzuraffen, ein Telefonat zu führen. Unglaublich, denn das sind eigentlich alles Dinge, die mir vor dieser

Krise leicht gefallen sind und Spaß machten. Inzwischen schreiben mir manche auch Mails, Karten oder SMS. Ich bemühe mich wenigstens, immer ein Lebenszeichen zurückzusenden. Die, die von meiner Situation wissen, denen schreibe ich, dass alles ok ist, auch wenn es mir grad nicht so gut geht, den anderen schreibe ich jedes Mal irgendwas anderes, beispielsweise „gerade viel zu tun“ oder „sorry, im Stress“.

FÜNFUNDSIEBZIG

151 Tage Seelenkollaps

Seit 151 Tagen hält dieser „Zustand“, diese Krise, dieser Kollaps meiner Seele nun schon an und ich frage mich *Wie lange noch?*

Ich sehne mich nach Normalität, nach Arbeit, meiner alten, gewohnten Tagesstruktur …

Ich entzünde eine Kerze und bete dafür, dass bald alles wieder gut sein wird.

SECHSUNDSIEBZIG

Sich outen?

Heute kam mir der Gedanke, man sollte sich outen dürfen, depressiv zu sein, Psychopharmaka einzunehmen und einfach frei heraus sagen dürfen: JA, ich bin DEPRESSIV, na und? Und man sollte sich nicht schämen müssen. Dabei stelle ich fest, wie sehr mich dieses „Verbergen-Müssen“, damit niemand was merkt, anstrengt, wie viel Energie und Kraft mir das klaut. Denn von der Offenheit könnten sicherlich viele Menschen voneinander profitieren und lernen. Mir helfen beispielsweise gerade Erfahrungsberichte am meisten. Für viele Menschen ist es belastend, wenn ihre Mitmenschen von Krisen und schweren Stunden aus ihrem Leben berichten. Doch mich hat das immer interessiert (nicht nur beruflich) und viel mehr noch, wie sind die da wieder „herausgeklettert"? Außerdem hilft das Gefühl *„ich-bin-nicht-alleine".* Es gibt viele Menschen, die schwere psychische Krisen durchlebt und überlebt haben! Dieses nicht-Alleinesein, nicht die Einzige mit SOWAS zu sein, ist so hilfreich, so heilsam. Laut Statistik von 2013 weisen 33,3 Prozent der deutschen Bevölkerung aufs Jahr gerechnet eine oder mehrere klinisch bedeutsame psychische Störungen auf (aus Ärzteblatt Februar 2013), in der EU sogar mit 38,2 Prozent. Die Dunkelziffer noch nicht mit einberechnet und Tendenz steigend. Also, JA, man sollte sich outen dürfen in einer Zeit, in der Menschen zu ihrer Homosexualität, Transsexualität stehen dürfen. Heutzutage sollten wir auch offen über psychische Erkrankungen sprechen dürfen, denn auch dies ist kein Makel. Ich hoffe, da tut sich noch einiges für uns alle! Das täte unserer Gesellschaft gut.

SIEBENUNDSIEBZIG

Denkhemmung

Aktuell belasten mich am meisten diese Denkhemmungen und Wortfindungsstörungen. Das ist wirklich sehr lähmend und quälend. Ich kann Sätze manchmal nicht zu Ende denken und sprechen, finde die Worte nicht, die ich sagen will. Das macht mich manchmal fast wahnsinnig. Dazu kommt, dass das im Gespräch natürlich auch blöd kommt. ☹ Dadurch stressen mich Gespräche mit Menschen, die das nicht wissen oder nicht verstehen, wieder vermehrt.

Dieses Gefühl kenne ich von früher, wenn ich besonders viel gearbeitet habe, eben nach dem Motto „*Gehirn geschlossen wegen Überfüllung*", doch dann wusste ich immer „*Marion, mach langsam, jetzt wird dir alles zu viel*" und schon war es auch wieder weg. Es gab also eine natürliche Erklärung dafür. Jetzt geschieht das jedoch andauernd und ohne Grund, denn von Stress kann nicht die Rede sein, ich tue ja nichts. Manchmal überkommt mich dann auch so eine Angst, Angst, irgendwann gar nicht mehr denken und reden zu können, obwohl ich weiß, das ist ein Schmarrn, ist die Angst da. Sie drängt sich mir auf, manchmal beherrscht sie mich sogar.

ACHTUNDSIEBZIG

Nicht-mehr-denken-können

Ich berichte meiner Hausärztin von diesen Denkstörungen. Sie nickt sogleich und sagt, dies sei ein typisches Symptom, ich solle mir also keine Sorgen machen. Eventuell könnten wir es mit einer Medikamentenumstellung versuchen, aber vorerst soll ich bei den Medikamenten bleiben und mich entspannen, es als für die jetzige Situation als „normal" annehmen. Ich war beruhigter und hoffte, es geht irgendwann vorbei. Eine Medikamentenumstellung würde mir nämlich auch Angst machen, vor allem wegen solchen argen Nebenwirkungen wie anfangs mit dem Citalopram. Ich hoffe, es hört ohne weitere Pillen wieder auf.

NEUNUNDSIEBZIG

Wie in einer „anderen Welt"

Nach dem Arztbesuch erzählte die Sprechstundenhilfe, während sie noch ein Rezept für mich ausdruckt, wie schnell die Zeit dahingeht, jetzt habe ihre Tochter schon wieder Geburtstag, dabei sei es ihr so, als wäre es erst letzten Monat gewesen, als sie den Geburtstag der Tochter feierten. Ich sagte ihr, dass ich das auch gut kenne, doch aktuell sei es ganz anders. Die Zeit verginge meiner Empfindung nach gar nicht, sie ziehe sich wie Kaugummi oder ich käme mir wie „in einer anderen zeitlosen Welt" vor, wie unter einer Käseglocke. Betroffen sah sie mich an und wünschte mir mit einer kleinen Berührung und einem Lächeln alles Liebe und fügte noch hinzu: *„Halte durch, Marion, es wird wieder, ganz bestimmt!“* Eine tolle Sprechstundenhilfe, ich mag sie! Sie ist so einfühlsam wie ihre Ärztin und das ganze Team, einfach toll! Berührt von dieser Situation, diesem Wunsch, dieser Begegnung beschließe ich, ihnen Tee und Kekse aus dem Naturkostladen zu holen, um ein wenig zurückzugeben und meine Dankbarkeit zum Ausdruck zu bringen. Nie dachte ich, dass ich jemals selbst eine depressive Patientin in deren Praxis werden würde! Jetzt ist es aber so.

ACHTZIG

Lesen kann ich auch nicht mehr

Vorhin habe ich mir ein neues Buch gekauft. Doch ich kann einfach nicht mehr lesen. Am liebsten hätte ich es direkt aus dem Fenster „gepfeffert“, nachdem ich eine Seite 3 Mal gelesen habe und immer noch nicht kapierte, worum es ging. Das darf doch nicht wahr sein! Das ist so traurig. Wenn ich, seit der Erkrankung, ein Buch lese, lese ich manchen Satz gleich etliche Male und verstehe ihn trotzdem noch nicht. Ich kann mich kaum bis gar nicht darauf konzentrieren. Das sind typische Symptome einer Depression, nämlich Denk- und Konzentrationsstörungen. Richtig arg ist es, weil ich doch so gerne lese und es mir so gut täte, vielleicht sogar einen Ratgeber zum Thema zu lesen.

Aber es geht nicht. Es macht mich wahnsinnig, jeden Satz mehrmals zu lesen und doch nichts zu verstehen. Grad dann bin ich so frustriert und mich beschleichen wieder solche Gefühle wie „alles-ist-so-schlimm" und „sowieso-alles-sinnlos", dass ich glaube, dass alles hier nicht mehr ertragen zu können. Ich lege das Buch lieber weg und quäle mich nicht weiter. Vielleicht geht es später oder morgen oder übermorgen oder überübermorgen ... hoffentlich. Hoffentlich wird alles einfach bald besser, so kann ich nämlich bald nicht mehr.

EINUNDACHTZIG

Wie ein Lichtschalter, der einfach ausgeknipst wurde

Ich denke zurück, wie das alles begonnen hat und wann. (klar fällt mir die unschöne Erfahrung an der Dienststelle in dem Moment ein) Doch wann wurde der Lichtschalter plötzlich ausgeknipst? So kommt es mir vor. Ja, als wäre der Lichtschalter einfach eines Morgens aus geblieben und alles war plötzlich grau in grau. Ja, das beschreibt es wirklich gut. Ich sehe zwar die Blumen, höre die Vögel zwitschern, doch alles verblasst. Es erreicht mich nicht, berührt mich nicht, ist mir egal, so wie Verliebte alles durch eine ROSA BRILLE sehen. Von einem Moment auf den anderen sehe ich alles wie durch eine GRAUE BRILLE. Dabei möchte ich doch wieder meine Grund-Positive-Lebenseinstellung, meinen positiven Blick auf die Welt, auf mich, auf mein Leben zurück!

ZWEIUNDACHTZIG

Ich sage ab – ich kann einfach nicht

Heute hätte ich mich mit einer lieben Freundin getroffen, eine, bei der ich sein darf, wie ich bin. Trotzdem, ich schaffe es nicht. Ich schaffe es nicht einmal aufzustehen, obwohl ich mich kurz mit dem Gedanken quäle, weil ich sie nun schon x-mal vertröstet habe. Am Ende denkt sie, ich möchte den Kontakt nicht (mehr), aber sie antwortet auf meine Absage in einer SMS:

„Liebe Marion, mach dir keinen Stress. Ich versteh, dass es dir nicht gut geht, ich weiß ja, was du die letzten Monate alles mitgemacht hast! Vergiss nur eines nie: Alles wird gut und ist es noch nicht gut, dann ist es noch nicht das Ende!"

Ich bin gerührt. Das sind Freunde! Ich bin so dankbar um jeden, der mich versteht, achtsam ist, da ist und mir doch nicht zu sehr auf die Pelle rückt und mich nicht bedrängt.

Ich schreibe ihr zurück:

„Danke dir, ich bin so froh und dankbar für dein Verständnis. Das ist so viel wert, gerade jetzt! Danke dafür, dass du zu meinen Freunden gehörst! Auf bald!

Wirklich gute Freunde sind Menschen, die uns ganz genau kennen, und trotzdem zu uns halten.

Marie von Ebner-Eschenbach

LG Marion"

DREIUNDACHTZIG

Karte einer Freundin

Eine andere Freundin, die weit weg wohnt, wir kennen uns aus dem Studium und sind seither im Kontakt geblieben, schreibt mir immer wieder Postkarten, schickt mir „Gute-Laune-Tees“ und versteckt darin positive, Mut machende Sprüche wie beispielsweise „Das Leben ist ungewiss, iss den Nachtisch zuerst!“ Ich bin so dankbar für diese vielen kleinen und großen Gesten meiner engsten Freunde, die, die wissen wie es mir geht, es aushalten, wenn ich mich zurückziehe und kaum fähig bin zu telefonieren. Schön, diese Menschen um mich zu wissen.

VIERUNDACHTZIG

Gebet und Glaube

Immer wieder stelle ich fest, ich war ja auch bisher nicht ganz ungläubig, weil ich Stoßgebete zum Himmel schicke, Kerzen in Kirchen entzünde, dort in deren ausgelegten Büchern Gebete und Fürbitten schreibe oder einfach so irgendwo im Kaffee sitzend leise bete …

Lieber Gott,
lass mich wieder glücklich sein
endlich wieder glücklich
endlich wieder ich
ich sein

glücklich sein
„normal" sein
wieder so wie vorher
allen Schmerz vergessen
alle Enttäuschung
alle Ängste
alle Sorgen
einfach vergessen
einfach wieder glücklich
Ich war doch so ne glückliche, erfolgreiche, zufriedene junge Frau.
Und jetzt?
Mit nur 33 am Ende?
War das etwa alles?
Wenn ja, dann möchte ich das nicht mehr,
so nicht mehr.
Ich kann nicht mehr,
halte das alles nicht aus,
diese Unruhe
diese Ängste
diese grauen, tristen, schrecklich bedrückenden Stunden und Tage.
Bitte lieber Gott,
bitte mach, dass es mir wieder gut geht,
dass ich wieder ich bin
ich wieder mein Leben
so wie vorher leben darf.
Danke.

FÜNFUNDACHTZIG

ABERglaube

Heute ging es mir wieder sehr schlecht. Ich wusste weder ein noch aus. Mehr und mehr geht es mir schlechter. Ich dachte, so geht es nicht weiter, du musst dein Leben wieder in die Hand nehmen, etwas tun ... Eine Zeit lang war ich fast schon esoterisch unterwegs, dachte mir einen Edelstein als „Ring der Veränderung“ zu kaufen, tat dies dann auch, verlor ihn aber gestern. Was dann passierte? Ich musste mir sofort, egal was es koste, einen neuen kaufen, denn was wäre sonst? Was würde sonst mit meinem neu gekauften Glück sein? Hatte ich mein Glück denn mit dem Ring verloren? Das ging auf keinen Fall. Obgleich ich über meinen „Aberglauben“ fast lachen musste, war mir mulmig und mir blieb keine andere Wahl. Ein neuer Ring musste her. Der nächstbeste, bevor mich ein weiteres Unglück ereilt.

SECHSUNDACHTZIG

Kerzen entzünden – Ritual für die Seele

Schon unsere Uroma hat für uns Urenkel bei allerlei Prüfungen oder Krankheit Kerzen in der Kirche oder an ihrem silbernen Kreuz Zuhause entzündet. Auch mich zieht es seit jeher in Kirchen und Klöster, um eine Kerze für mich oder meine Lieben zu allerlei Prüfungen, Krisen, Bewerbungsgesprächen, bei Krankheiten, Operationen und so weiter zu entzünden. Auch in dieser schweren Krise komme ich nicht umhin, im nahegelegenen Kloster oder an Kirchen und Grotten, an denen ich vorüberfahre, eine Kerze zu entzünden und kurz zu beten *„Bitte lieber Gott, schenke mir mein Leben zurück!"* oder *„Lieber Gott, zeig mir wenigstens den Sinn dieser nun schon so lange andauernden Krise!"* Und ich bin froh, MEINEN GLAUBEN nicht verloren zu haben, den Glauben an Gott, an die Welt, an das Gute im Leben, im Menschen.

SIEBENUNDACHTZIG

Spiritualität

Meine Spiritualität hat mich immer schon geprägt, durch meine katholische Kindheit, vor allem durch meine Uroma, dann die letzten Jahre durch meine Tätigkeit in der Sterbebegleitung, durch die Begegnung und Begleitung von schwerstkranken und sterbenden Menschen, die sich mit der großen Frage *Was kommt nach dem Tod?* beschäftigten. Jetzt, in dieser Krise, lebe ich diese spirituelle Seite wieder mehr, vielleicht aus meiner Not heraus. Ich versuche mich an den entzündeten Kerzen, an den Stoßgebeten „festzuhalten" wie an einem Strohhalm. Dabei mische ich allerlei Glaubensrichtungen, denn auch der Buddhismus hat mich seit vielen Jahren angesprochen und angezogen. Ich liebe deren fernöstliche Lebensweisheiten, Zitate und positiven Sprüche und ich liebe Figuren wie Buddha, aber auch sakrale Dinge, kleine Figuren wie Maria, die Mutter Gottes, ein altes Gebetbüchlein meiner Uroma, einen silbernen Rosenkranz, ein Ablasskreuz, welches ich mir auf einem Flohmarkt gekauft habe und ich hatte mir *(mein Partner lacht deshalb schon über mich und unterstellte mir schon fast einen „Religionswahn")* einen kleinen „Hausaltar", eine kleine „Energie-Ecke", eingerichtet, wo all diese Dinge, unter anderem auch ein Schutzengerl, welches ich von meiner Taufpatin bekommen habe, beisammen liegen und wo ich manchmal eine Kerze anzünde. Sicherlich bin ich nicht esoterisch, aber ich habe tief in mir ein gläubiges Herz und lebe MEINEN Glauben, der mir gerade jetzt ein Gleichgewicht schenkt und ganz sicher auch eine genesungsfördernde Wirkung für mich hat. Wenn ich beispielsweise in meiner Ecke eine Kerze entzünde, ist es ähnlich, wie wenn ich dies im Kloster tue. Es schenkt mir für einen Moment lang inneren Frieden und Ruhe sowie Kraft und Hoffnung.

ACHTUNDACHTZIG

Wenn die alltäglichen Dinge zu anstrengend werden

Immer öfter wird mir selbst das Aufstehen und Duschen zu anstrengend. Ich vernachlässige mich. Weil mir heute wieder Duschen und Ankleiden zu viel war, stand ich auch nicht auf. Ich war erschöpft, müde, faul. Ich konnte mir noch so oft sagen: *„Steh auf, das gibt's doch nicht, reiß dich zusammen, Arsch hoch!"*, nichts half. Ich hatte ja auch keine Termine, also wozu? Für wen? Dabei dachte ich dann den ganzen Tag darüber nach, schämte mich vor mir selbst, weil es mir selbst so lächerlich und gleichzeitig doch so unüberwindbar schien.

NEUNUNDACHTZIG

Wenn das Leben dunkel wird

Dieses Gedicht entstand in einer der vielen schlaflosen dunklen Nächte.

Plötzlich dunkel

Und plötzlich wurde es dunkel
Dunkel um mich
Dunkel in mir

In mir, wo ich doch so lebendig war
So bunt
So spritzig
So glücklich
So kreativ
Wo ist das hin?
Wie bekomm ich es wieder?
Ich will mein Lebensglück
Mein Leben
Mich wieder!

Ich liebte mein Leben
Mein Glück
Meine Lebendigkeit
Meine Verrücktheit
Meine Lebensfreude
Meinen Lebensmut
Meine Kraft

doch plötzlich wurde es dunkel
Dunkel um mich
Dunkel in mir

Marion Jettenberger

NEUNZIG

So fremd

Diese befremdlichen Gefühle, sich in manchen Situationen beispielsweise nicht wiederzuerkennen, sind wohl auch mit das Schlimmste. Als ich heute eine weitere Neuerscheinung, ein von mir entwickeltes Biographie-Spiel für Menschen mit Demenz, frisch aus dem Druck und der Herstellung in den Händen hielt, freute ich mich nicht. Das war wirklich seltsam, einfach befremdlich. Ich hielt es in den Händen, als sei es nicht von mir, als sei es etwas anderes. Es kam einfach keine Freude auf. Wenn ich sonst eine Neuerscheinung von mir in den Händen hielt, jubelte ich, wollte die Freude sogleich mit einer Freundin, meinem Partner oder Familienangehörigen teilen, es zeigen, eventuell sogar mit einem Glaserl anstoßen. Doch jetzt? Ich nahm es als eine Art Entfremdung von mir selbst wahr, ohne Empfindung für diesen tollen Erfolg, den ich ja mit Fachwissen, mit meinen Händen, mit Herz und Köpfchen geschaffen habe. Ich legte das Spiel weg, völlig regungslos, wie abwesend, wie egal. Und das Verrückte daran ist, dass ich es auch noch wahrnehme und mich frage, warum ich mich nur nicht freuen kann, warum ich so anders, ja mir selbst so fremd geworden bin? Wirklich IRR. Ich weiß echt nicht mehr, was mir mit los ist … Das bin doch nicht ich!? Ich bin doch ganz anders! Begeisterungsfähig, lebendig, engagiert! Wo ist das alles, wo bin ICH nur hin?

EINUNDNEUNZIG

Über alles sprechen können

Ich komme aus einem Lokal zurück, in dem sich Menschen über allerlei Krankheiten unterhalten haben. Auch über Depressionen und Burnout. Heutzutage kann man EIGENTLICH über alles sprechen, über jegliche Krankheiten wie Krebs, Aids, Suchterkrankungen, auch über sexuelle Neigungen – DOCH über psychischen Erkrankungen wie Depressionen liegt immer noch ein Tabu. Hingegen werden Menschen mit einem Burnout beispielsweise fast schon gefeiert, denn die haben ja was getan, was geleistet, die sind ja

„nur“ krank, weil sie zuvor schwer gearbeitet haben. Das kann man ja noch verstehen. Depression wird in unserer Gesellschaft eher in die Ecke der *„Faulen“*, der „Blaumacher“, der *„Spinner“* oder *„der, die nicht mehr alle Tassen im Schrank haben“* verbannt. Das stimmt mich immer wieder traurig. Traurig, wenn man bedenkt, dass es JEDEN treffen kann, JEDERZEIT. Depression ist eine normale Krankheit, so unnormal man sich dabei auch fühlen mag UND was vielleicht noch wichtiger ist: Dass man kaum bis gar nicht mitreden kann, wenn man sowas nicht einmal selbst erlebt hat, leider, ohne jedem nun eine kleine „Selbsterfahrungs-Depression“ an den Hals zu wünschen. Und manchmal, manchmal denke ich ernsthaft: „Das hast du nun davon, Marion, weil du innerlich manchmal früher (noch vor meiner Ausbildung zur Therapeutin) auch dachtest *‚Denen müsste man einfach mal in den Arsch treten!’* Jetzt hast Du es und was ist nun mit ‚in den Arsch treten?’ Nichts. Weil es nichts bringt. Nichts ändert.“

ZWEIUNDNEUNZIG

„kann-mich-einfach-nicht-mehr-entscheiden“

Auch eine völlig seltsame neue Erfahrung: Meine Entscheidungsunfähigkeit ist beeinträchtigt. Entscheidungen sind mir vor der Erkrankung nie schwergefallen. Ich konnte die Themen, bei welchen ich eine Entscheidung zu fällen hatte, schnell erfassen, abwägen und mich entscheiden und da gab es dann auch nichts dran zu rütteln oder später zu bereuen. Ich stand zu meinen Entscheidungen und hatte auch keine Angst davor, eine falsche zu treffen, denn auch zu jener könnte ich stehen und das Beste draus machen. Aber jetzt, jetzt fallen mir die einfachsten kleinsten Entscheidungen schwer; echt befremdlich und „SO GAR NICHT ICH".

Da stehe ich im Laden und kann die trivialsten Entscheidungen nicht treffen. Heute Morgen beim Bäcker wollte ich Brot kaufen, konnte mich schlichtweg nicht entscheiden welches. Die Verkäuferin war verständlicherweise schon genervt, weil sie mir alle zeigte und eine Antwort erwartete. Dann sagte ich und traute meinen Ohren kaum: *„Egal, irgendeines. Nehmen wir gleich dieses, welches Sie in der Hand haben."* Oh Mann, die muss auch denken: „Die hat sie auch nicht alle." Aber auch das ist mir heute schon egal. Sollen doch alle denken, was sie wollen. Ich bin schon froh, ein Brot gekauft zu haben, mich überhaupt hierher gequält zu haben. Fast werde ich dabei wütend, weil ich denke: *„Wenn diese Menschen wüssten, was wahre Probleme sind, welche Sorte Brot sicherlich nicht ...!"*

DREIUNDNEUNZIG

Dankbarkeit

Heute erreicht mich völlig unerwartet ein Päckchen von einer lieben Bekannten. *Überlebenspaket für die*

Seele steht drauf. Ich bin überrascht, überwältigt, mir steigen die Tränen in die Augen. Woher weiß sie, dass ich gerade genau das brauche? Sie war auch auf dieser Geburtstagsparty letzte Woche, zu der ich eigentlich nicht hingehen wollte und nach nur 2 Stunden wieder ging. Sie war eine von denen, mit denen ich mich so gerne unterhalte, aber eben gar nicht so eng befreundet bin. Sie hat aus den wenigen Worten erspürt, wie es mir geht und mir sogleich eine Kleinigkeit, ja eine Großartigkeit zukommen lassen. In dem Paket finden sich ein Duschbalsam, ein Rosenduft, ein Heilstein, ein Badezusatz „Energie“ und eine Schokolade mit dem Spruch „Die ist jede Kalorie wert“ drauf. Ich bin so beglückt, kann mein Glück kaum fassen, bin gerührt von dieser so unerwarteten Herzlichkeit, Liebe und Wärme. Es liegt noch eine Karte bei, auf der steht: *Nicht aufgeben! Du bist, so wie du bist, klasse!* Ich weine. Ich hab noch nie so eine Dankbarkeit empfunden, dass jemand einfach da ist, mir etwas zum richtigen Zeitpunkt gibt. Dabei geht es nicht um das Geschenk, das Schenken, den Inhalt, sondern um diese so mitfühlende Geste, die mir offensichtlich sagen soll „Ich versteh dich gut“ und das nach nur einem kurzen Gespräch mit nicht vielen Worten. Ich werde ihr schreiben, ihr beschreiben, wie ihr Paket in mir Freude, Glück, Dankbarkeit und Hoffnung erwirkt und geschenkt hat. DARAN WILL UND MUSS ICH MICH FESTHALTEN !!!

VIERUNDNEUNZIG
ANGST, PANIK „Das-kann-doch-alles-nicht-wahr-sein-oder“

Am nächsten Tag. Der Wecker klingelt. Es ist 7 Uhr. Ich stehe auf. Mir ist schwindelig, es wird mir schwarz vor Augen, ich zittere, mir ist unglaublich übel.
Dabei schießt mir durch den Kopf: *„Nein, bitte nicht, nicht jetzt, das darf jetzt nicht sein – und was ist das?“* Ich denke: *„Jetzt reiß dich zusammen, Marion! Du musst zu einem Vorstellungsgespräch!“* Ich quäle mich unter die Dusche. Weiterhin ergreifen mich hinterrücks, plötzlich und unerwartet, Schwindel, Übelkeit, Unruhe, Zittern ... *„Reiß dich zusammen, Marion! Du hast jetzt keine Zeit für solche Späße!“*, denk ich immer und immer wieder! Aus der Dusche wieder heraus, überkommt mich eine unglaublich tiefe Angst. Zeitgleich tun mir meine Beine und Arme weh. Während ich mich aufs Bett lege, spüre ich sie nicht mehr, sie sind wie taub, alles fühlt sich wie taub an.
Mich überkommt eine unheimliche Beklemmung und tiefe Angst und ich denke dabei: *„Lieber Gott, wenn es dich gibt, hilf mir doch, lass das alles hier endlich enden!? Aufhören! Sofort! Bitte!“*
Der Termin wurde glücklicherweise von deren Seite noch rechtzeitig abgesagt, sie hätten sich für die letzte Bewerberin am Vortag entschieden. Ist mir auch egal, mir ist alles egal, Hauptsache meine Hände werden nie wieder taub, das war ein echt irres Gefühl und eine unangenehme Erfahrung.

FÜNFUNDNEUNZIG

Telefonat mit meinem Papa

Nachdem ich den ganzen Tag über den „Vorfall" von gestern nachgedacht habe, es ist inzwischen 18 Uhr am Abend, habe ich das Bedürfnis, mit jemandem über den Vortag zu sprechen. Ich rufe meinen Vater an. Ich erzähle ihm, was mir am Vortag „seltsames" passiert ist. Was er denn glaube, was das gewesen sei und dass ich Angst habe, bald verrückt zu werden. Mein Papa bittet mich, die Ärztin am nächsten Tag aufzusuchen. Zuvor hat er mir aufmerksam zugehört, mir Mut zugesprochen: *„Das wird schon wieder! Marion, du hast nun eben mal ein Tief ..."* Nachdem wir aufgelegt haben, hab ich sogleich ein schlechtes Gewissen, weil ich das Gefühl habe, jetzt auch noch meinen Vater mit meinem Kram, der ja auch überaus beängstigend ist, zu belasten. Es kam mir so vor, als sei er nun sehr besorgt, so wie er das gesagt hatte: *„Bitte such Morgen die Ärztin auf und erzähle ihr alles."*

SECHSUNDNEUNZIG

Patientin, NICHT Fachfrau

Die Nacht war ruhig, ich konnte gut schlafen. Bei der Hausärztin angekommen, muss ich nicht lange warten. Sie sagt, es seien vermutlich Angstattacken. Sie fragt, ob ich mir das Notfallmedikament TAVOR geholt hätte. In gerade so einem Notfall wie diesem soll ich es nehmen, hätte ich mir ja selbst denken können. Ja, ich habe es bereits zweimal genommen und in Rücksprache traue ich mich, es auch weiter für solche Situationen zu nehmen. Das war so beängstigend, so arg, und ich brachte es wieder nicht mit diesen Angst- oder Panikattacken in Verbindung. Aktuell bin ich eben Patientin und ganz und gar nicht Fachfrau.

SIEBENUNDNEUNZIG

Therapiesitzung

Wieder bei der Ärztin für Psychotherapie. Ich erzählte ich auch ihr von diesen „Zuständen". Auch sie bestätigte es als Angstattacke und bestärkte mich, Tavor als Notfallmedikament zu Hause zu haben, „für alle Fälle". Warum auch nicht. Ich solle mich nicht so quälen, sonst entstehe so ein Teufelskreis mit der Angst vor der Angst. Mir ist klar, dass das Medikament besser ist als meine Selbstmedikation mit meinem Beruhigungsmittel Alkohol. Immer, wenn es um Medikation geht, frage ich mich, ob es denn wirklich schon so schlimm sei mit mir und was wohl dann als Nächstes komme. Ich bin eigentlich keine Tablettenschluckerin.

ACHTUNDNEUNZIG

Wie ein kleines Kind

Ich erhielt einen Brief von der Krankenkasse zu einem „Beratungsgespräch" auf Grund der inzwischen längeren Arbeitsunfähigkeit. Sogleich bekam ich natürlich

Ängste, was da auf mich zukommt. Mir schießen Fragen durch den Kopf. Was dürfen die mich fragen? Was muss ich erzählen? Ob ich mich dort schämen müsse? Ich frage meinen Vater, ob er mich wie ein kleines Kind begleitet, aber alleine kann ich mir das gar nicht vorstellen. Er sagt sogleich zu. Gott sei Dank.

NEUNUNDNEUNZIG

Krankenkassen-Termin

Während ich sonst immer öfter diffuse Ängste habe, ist es diesmal eine konkrete Angst. Die Angst vor dem Termin bei der Krankenkasse. Nächste Woche soll der Termin sein. Ich bin schon sehr beunruhigt. Gut, dass mein Vater mich begleitet, alleine würde ich das nicht schaffen. Ich habe wieder Angst, was die mich fragen werden, was Gesprächsinhalt sein wird, ob ich weiter Krankengeld erhalte oder ob die mir was wegstreichen können. Auch habe ich Angst, ob die mich einfach zu einer Reha „verpflichten" können. Gleichzeitig denke ich, ich muss einem „Sachbearbeiter" ja zu gar keinen intimen Details Auskunft geben. Das sind Dinge, die ich nur mit meiner Haus- und Fachärztin bespreche.

Jetzt versuche ich einfach ruhig zu bleiben und abzuwarten, was da nächste Woche überhaupt Thema ist. Ich bin ja nicht alleine, mein Dad ist dabei und kann solche „Amtsgänge" ganz gut begleiten.

HUNDERT
Weitere ABSAGEN

Diese vielen Absagen, sie entmutigen mich. Trotzdem schreibe ich immer neue Bewerbungen. Manchmal kommt eine Absage von einer Bewerbung daher, an die ich mich nicht mehr erinnere. Ich hab einmal gezählt, wie viele Bewerbungen ich, seit ich krank bin, geschrieben habe. 102! Ich schreibe weiter Bewerbungen, auch wenn es mir sinnlos erscheint, ich tue es trotzdem. Heute sind es weitere sieben!
Seit 177 Tagen arbeite ich nicht. Soooo lange hab ich noch nie nichts getan beziehungsweise tun können.

HUNDERTEINS
EXISTENZIELLE ÄNGSTE

Wie soll nur alles weitergehen?
Ich versuche ruhig zu bleiben und vor allem positiv und sage mir immer wieder: *„Das wird schon wieder, das ist nur eine Lebenskrise, die vorübergehen wird.“*
Trotzdem überkommen mich solch existenzielle Ängste, die ich sehr bedrohlich finde. Nämlich: Kann ich mir meine Wohnung, mein Leben, mein Auto … alles noch leisten ohne Arbeit, nur mit Krankengeld? Irgendwann sind meine letzten Reserven aufgebraucht. Gefühlt dauert dieser „Zustand“ schon seit einer halben Ewigkeit an und ich frage mich, ob und wann ich wieder auf die Beine komme!? Was ist, wenn es immer so bleibt?

HUNDERTZWEI

Krankenkasse

Mein Vater begleitete mich zur Krankenkasse. Gottlob! Der ist besser in solchen Dingen. Ich hatte so mit meiner Angst und meinen Schamgefühlen zu tun, dass ich mich kaum konzentrieren konnte. Mein Vater übernahm hauptsächlich die Gesprächsführung, nachdem ich auf jede Frage zu lange brauchte, um zu antworten. Mein Hirn war wie weg, wie leer. Der junge Sachbearbeiter war sehr freundlich, mir kam es fast schon so vor, als sei er behutsam, vor allem wenn er mich anschaute. Ich war jedoch weiter misstrauisch, denn ich hörte in dem Großraumbüro was die Menschen rechts und links, die ebenfalls zur Beratung da waren, sprachen. Sogleich überkamen mich wieder Schamgefühle und auch Wut. Ich konnte nicht verstehen, warum man solche Gespräche, solch intime Details von Menschen, in einem Großraumbüro bespricht, denn eines ist klar, wenn ich die rechts und links reden hören kann, dann können auch die hören, was wir hier sprechen. Unfassbar! Wir sprechen hier laut über die Dauer meiner Erkrankung, ob ich schon bei einem Facharzt war, ob eventuell ein Klinikaufenthalt in Frage kommt. Plötzlich finde ich meine Sprache wieder und sage, dass ich diese Fragen erst einmal selbst mit meiner Hausärztin und Fachärztin besprechen müsse und dazu leider keine Angaben machen kann. Das Gespräch war dann schnell vorüber. Der freundliche junge Mann gab uns Broschüren zu Lohnfortzahlung, Rehamaßnahmen und so weiter mit. Er fragte uns, ob er uns noch irgendwie behilflich sein könne, ob wir noch etwas auf dem Herzen hätten. Ich war so dankbar, als das Gespräch vorbei ist und mein Vater und ich wieder im Auto sitzen. Auch ihm gegenüber kann ich meine Dankbarkeit kaum in Worten zum Ausdruck bringen, wie froh ich um seine Begleitung heute hier und überhaupt bin. Er ist so ein verständnisvoller, herzlicher und doch sachlicher Mensch.

HUNDERTDREI

Jetzt reicht's!

Manchmal kann ich einfach nicht mehr. Heute dachte ich mir schon beim Aufstehen: *„Ich kann nicht mehr! JETZT REICHT'S!"*
Daraufhin entstand ein Gedicht.

Ich will

Ich will raus aus dem Dunkel
will wieder ins Licht
Ich will raus aus der Dunkelheit
will wieder Sonne im Herzen
Ich will raus aus dem Grau
Weg von den negativen Gedanken
Will raus aus dem Grübeln
Weg von der ewigen Erschöpfung

Will hin zum Leben
hin zur Lebendigkeit
hin zum Lebenssinn
hin zur Lebensfreude
und will endlich zurück
zurück zu meinem LebensGlück

Marion Jettenberger

HUNDERTVIER

Alkoholabsturz – Filmriss

Ich beobachtete mich selbst zu oft dabei, fast täglich Alkohol zu trinken. Ich trinke nicht mehr nur aus Genuss wie früher, sondern vor allem, wenn ich ganz ehrlich bin, wegen der beruhigenden Wirkung. Ich bin dann deutlich entspannter und ruhiger. Insgeheim ertappe ich mich dabei schon seit Langem und schäme mich auch vor mir selbst dafür. Weil ich aber schon immer gerne Wein getrunken habe, fiel das zunächst niemandem auf. Ich ertrank meine Unruhe immer öfter. Gestern Abend, nach einer weiteren Absage von einer Stelle, die ich mir echt gewünscht hatte, trank ich wohl mehr als ein Glas zu viel. Ich erinnere mich nicht daran, wie viel ich trank. Und heute geht es mir noch viel schlechter. So einen Filmriss, mich an nichts mehr erinnern zu können, nicht zu wissen, wie viel ich getrunken habe, was ich getan oder gesagt habe, hatte ich noch nie. Na ja, wenn ich ganz ehrlich bin, wenigstens hier in meinen Tagebuchnotizen, wer liest das schon, hatte ich das schon einige Male. 3, 4 Mal. Da hab ich immer so viel getrunken, bis ich nicht einmal mehr wusste, wie ich heim kam. Ich schäme mich und mache mir Gedanken, was in so einem Suff alles passieren kann. Wenn unter Alkoholeinfluss irgendetwas passieren würde, würde ich mein Leben lang nicht mehr froh werden. Ich glaube, dann würde ich mich wirklich umbringen, während ich bisher ja wenigstens noch keine (konkreten) Selbstmordgedanken hatte. So kann es nicht weitergehen. Ich bin besorgt und beschämt. Gleichzeitig geht es mir heute, nach dem vielen Alkohol von gestern, so elendig schlecht, dass ich glaube, schon nahe einer Alkoholvergiftung zu sein. Ich bin völlig fertig.

HUNDERTFÜNF

Meine liebe Tante

Mich erreichte eine Mail meiner lieben Tante, nachdem ich vermehrt im Alkohol und meiner inneren Not „versank“, was sie offensichtlich wahrgenommen haben muss.

Meine liebe Nichte,
Alkohol in der Situation, in der du dich gerade befindest, ist gar nicht gut. Lass dir das von deiner „alten Tante“ sagen. Bei mir war es so, als dein Onkel gestorben ist und ich so am Boden war. Ich durfte kei-

nen Alkohol trinken, denn sonst wäre ich in ein großes Loch gefallen, beziehungsweise in ein noch größeres …
Denk daran: Das Leben geht immer weiter!
Es gibt Höhen und Tiefen! Du musst vorwärts blicken!
Wenn es mir schlecht geht, dann denke ich immer an Leute, andere Menschen, arme Kinder, denen es viel schlechter geht und dann sehe ich meine „Situation" wieder etwas entspannter. Vielleicht hilft dir das auch?
Denke zum Beispiel an den kürzlich verstorbenen M., der nicht mehr unter uns ist … Er musste so jung sterben.
Am Ende dieses Tunnels ist Licht! Bleibt nur zu hoffen, dass es nicht ein entgegenkommender Güterzug ist (grins)! Nein, Marion! Nach Regen folgt auch wieder Sonnenschein! Ganz gewiss!
Für mich bist du eine große Persönlichkeit und du wirst unter anderem mit deinem Fachwissen und deiner Art wieder Arbeit finden und dann sicherlich das richtige, was dich auch wieder erfüllt!
Man weiß nie, für was das Ganze gut ist!
Kopf hoch, meine Liebe!
Deine T.I.

Wahnsinn, diese Mail berührte mich tief im Inneren. Sie kam nicht nur genau zur richtigen Zeit, sondern traf auch den Nagel auf den Kopf. Ich trinke zu viel, damit muss jetzt Schluss ein, denn letztlich hilft es mir nicht. Es schadet mir immer mehr und es macht mir

zusätzlich Angst, am Ende auch noch abhängig zu werden!
Was mich auch unglaublich berührt, auch nachhaltig: Meine liebe Tante sagt, sie findet ICH BIN EINE GROSSARTIGE PERSÖNLICHKEIT. Und ich hab es auch noch schwarz auf weiß, ich glaub's ja nicht! Da muss ich erst durch so eine Krise wandern, dass sie mir so etwas sagt und dass ich mir gewiss sein kann und darf, dass sie mich liebt, so wie ich bin.

HUNDERTSECHS

Citalopram erneut erhöht

Nachdem ich der Ärztin heute Morgen erneut von meinem zunehmenden Alkoholkonsum berichtete, hat sie die Tabletten auf 30 mg erhöht. Das ist sicherlich richtig, doch wird dies nicht ohne erneute Nebenwirkungen möglich sein. Schrecklich, das hatte ich fast schon wieder vergessen!
Wieder hatte ich Schwindel, Mundtrockenheit, Schweißausbrüche, Sehstörungen und fürchterliche Kopfschmerzen. Diesmal ging es aber schneller vorüber und ich klammere mich daran, um es „durchzuhalten", dass es mir dann sehr bald sehr viel besser gehen wird.

HUNDERTSIEBEN

Was in einem geschieht, sieht niemand

Heute beschäftigt mich die Tatsache, dass die innere Not niemand sehen kann, ganz im Gegensatz zu einem eingegipsten Bein oder einer sichtbaren Verletzung, welcher Art auch immer. Dabei empfand ich persönlich diese inneren Ängste, Sorgen und Nöte immer als viel schwerwiegender, viel quälender.

Die innere NOT

Innere Not
die innere Not
kann niemand sehen
es sieht niemand
es fühlt, erspürt kaum jemand
manch einer ahnt es
doch nie das volle Ausmaß
das macht einen so einsam
einsam
selbst inmitten vieler
einsam und doch zu zweit
mit ihr
der inneren so großen Not

Marion Jettenberger

HUNDERTACHT

Besorgte Familien-Angehörige

Langsam nehmen immer mehr Menschen wahr, wie schlecht es mir geht, vor allem deshalb, weil ich mich so zurückziehe. Ausgerechnet ich, die ich sonst immer wieder nach Kontakt suchte, mich zum Kaffee verabredete, fragte, ob wir uns nicht mal wieder treffen. Wegen dieser „Stille“ fragen sie nach, was denn los sei, wo ich denn bin, ob ich gar keine Zeit mehr hätte. Nachdem ich auf etliche Nachrichten auf dem Anrufbeantworter und auf verschiedene SMS nicht reagierte, entweder weil es mir zu viel ist oder ich nicht weiß, was ich schreiben soll, fragten sie bei meinem Vater, bei einer Feier in seinem Hause, nach. Auch er überlegte sich fadenscheinige Ausreden, bis ich ihn bat, gerade zwei meiner lieben Tanten einfach die Wahrheit zu sagen, dass ich wirklich in einer *Krise* stecke, in Behandlung bin, eventuell sogar einen Klinikaufenthalt bräuchte und momentan kaum zu sozialen Kontakten fähig sei. Durch mein Nicht-Reagieren hatte ich nämlich wieder so ein schlechtes Gewissen, dass jemand das vielleicht auf sich beziehen würde. Es erleichtert mich zu wissen, mein Papa sagt es ihnen. Danach konnte ich auch wieder die ein oder andere SMS in dem Bewusstsein „die-verstehen-das-schon“ schreiben, nachdem sie jetzt ja ein wenig wissen, warum ich mich so verdünnisiere.

HUNDERTNEUN

(M)eine Tante

Eine meiner Tanten bot mir direkt Geld an. Auch das half, wegen der existenziellen Ängste. Es tut gut zu wissen, da ist jemand, der mir notfalls aushelfen kann, wenn ich länger krank bin und in finanzielle Engpässe kommen sollte. Sie sagte, ich solle mir keinen Kopf machen und wenn ich Geld benötige, soll ich mich melden, sie könne mir jederzeit ein zinsloses und zeitloses Darlehen geben. Sie ermunterte mich auch dazu, noch einmal zu studieren, dass mir vielleicht auch eine berufliche Veränderung gut täte. Ich solle mich wieder zurück ins Leben kämpfen, ich sei doch *Marion, die Kämpferin*! *Doch als Kämpferin fühle ich mich schon lange nicht mehr. Aber ich war sie! Bin ich sie noch? In mir drin? Die Kämpferin?* Ich soll mich nicht hängen lassen, mich wieder rauskämpfen und mir mein erfolgreiches Leben wieder zurückholen. Das hat mir Kraft gegeben, auch wenn ich jetzt noch nicht weiß, wie ich das anstellen soll; mit welchen Kräften nur? Doch es schenkt mir neuen Mut! Ich denke an die Kämpferin in mir. – Vielleicht werde ich die wieder?! – Hoffentlich bald!

Das schöne an dieser Kommunikation war *„da-glaubt-jemand-an-mich"*.

Ein schönes, gutes Gefühl, welches Hoffnung schenkt.

HUNDERTZEHN

Sch****tag!

Heut ist wieder so ein Sch****tag. Ich bin niedergeschlagen, müde ohne Grund schon früh am Morgen und ohne auch nur eine geringste Anstrengung. Ich könnte heulen, denke nach. Wozu aufstehen? Wozu duschen? Wozu rausgehen? Wozu leben? Ich bleib liegen. Später rufe ich in meiner Verzweiflung meinen Vater an. Er hört mir zu, spricht mir Mut zu, versichert mir, es wird wieder andere Zeiten geben und sein „*das-wird-schon-wieder!*" baute mich auf, sodass ich aufstand, duschte, mich anzog und wenigstens eine Stunde mit meinem Hund draußen in der Sonne war. Wie einem schon ein kurzes Gespräch wenigstens etwas helfen, aus dem Tief „holen" kann und einen Sch****tag doch noch etwas sonniger werden lässt!

HUNDERTELF

Welchen Sinn hat das Leben?

Da kommt man auf die Welt und nach der Kindergarten-, Schul- und Lehrzeit direkt in einer Art Lebensschleife, in diese Schleife von Aufstehen, Arbeiten, Schlafen, Aufstehen, Arbeiten, Schlafen Aufstehen, Arbeiten, Schlafen, Aufstehen, Arbeiten, Schlafen … Es geht wie in einem Hamsterrad immer weiter – doch wozu??? Und dann wirst du von heut auf morgen auch noch krank, so dass du dich selbst nicht wieder-

erkennst. Das ist doch nicht mehr feierlich! Ich frage mich immer wieder:
Welchen Zweck erfüllt mein Leben?
Wozu bin ich hier?
Was rechtfertigt meine Existenz?
Was ist meine Aufgabe hier auf der Welt, wenn es so etwas wie eine „Aufgabe“ gibt?

Natürlich sind das Fragen, die wir uns alle einmal stellen, gerade auch in Krisenzeiten und es gibt niemals nur DIE EINE ANTWORT auf solche Fragen.
Da sitze ich nun. Es ist Dienstagmittag und ich denke mir: Was zur Hölle soll das Ganze? Warum soll ich überhaupt leben, wofür? Und warum momentan so? Ich fühle mich verloren und klein, nichts scheint mir irgendwie von Bedeutung zu sein. Egal, welche positiven Sätze ich mir aufsage oder welche Texte ich lese, die mir früher was gegeben haben; nichts scheint zu helfen. Dieses Gefühl der Sinnlosigkeit ist da, bleibt und drückt schwer aufs Gemüt.

HUNDERTZWÖLF

SINN, Glück und Lebensfähigkeit

Dieses Zitat von Albert Einstein war heute im Abreißkalender meiner Oma:
„Wer keinen Sinn im Leben sieht, ist nicht nur unglücklich, sondern kaum lebensfähig.“

Wie wahr. Das wusste also bereits Einstein. Und er hat so Recht. Wenn dir der Sinn verloren geht, du dich ständig fragst WOZU, dann bist du nicht einfach nur unglücklich, sondern kaum noch lebensfähig.

HUNDERTDREIZEHN

Sinnlosigkeit beschäftigt mich weiter

Die halbe Nacht bin ich schon wach. Es ist 3.20 Uhr und ich denke über den Sinn und Unsinn des Lebens nach. Ich finde erneut einen Text von Hermann Hesse: „**Wir verlangen, das Leben müsse einen Sinn haben – aber es hat nur ganz genau so viel Sinn, als wir selber ihm zu geben imstande sind.**" Das heißt wohl, ich muss mir meinen Sinn des Lebens selbst suchen und schenken! So habe ich das bisher auch noch nicht gesehen.

Ich finde einen Text von Mutter Teresa, den ich im Rahmen meiner Arbeit schon oft sterbenden Menschen mitgegeben oder vorgelesen habe. Ich lese ihn und schlafe wieder ein.

„Das Leben ist eine Chance – nutze sie …"

HUNDERTVIERZEHN

Nächster Morgen

Nachdem ich heute Nacht Texte und Gebete zu den Schutzengeln gelesen hatte, habe ich tief und fest geschlafen. Sie schenkten mir innere Ruhe und Frieden –

bis jetzt, es ist bereits 10 Uhr. Ich weiß nicht, wann ich das letzte Mal so lange „ausgeschlafen“ habe. Diese Texte haben mir so gut getan!
Nachdem mir die Beschäftigung mit den Texten so gut tat, holte ich mir weitere Texte aus meinem „Therapie-Koffer“, mit denen ich schon oft gute Erfahrungen mit Klienten gemacht habe, sei es mit Menschen am Sterbebett oder deren Angehörigen. Und jetzt taten sie auch mir gut, waren heilsam. Ich saugte sie auf „wie ein Schwamm“. Besonders berührt hat mich ein Zitat von Friedrich Rückert:

„Schlägt dir die Hoffnung fehl,
nie fehle dir das Hoffen!
Ein Tor ist zugetan,
doch tausend sind noch offen.“

Friedrich Rückert (1788-1866), dt. Dichter

Ich weiß noch, wie ich dieses Zitat einem Sterbenden vorgelesen habe, um ihm ein wenig Hoffnung zu schenken. Er war noch ganz klar und antwortete: „Sie meinen die Himmelpforte, nicht?“ Ich brauchte einen Moment, um zu wissen, was er meinte und bejahte dies damit, dass sich das Leben hier, die Tür hier wohl schließen würde, das Tor zum Himmel dann aber aufginge. Kurz darauf schlief er friedlich ein.
Dieses Zitat soll auch mich begleiten, durch und aus dieser Krise heraus. Ich drucke es groß aus und klebe es an meine Schranktür, an der ich täglich mehrmals

vorbeigehe. Es haben sich zwar viele Tore in den letzten Monaten zugetan, aber ich darf nicht aufgeben, es öffnet sich bestimmt bald eine neue Tür mit einem neuen Weg für mich! Ganz bestimmt! Ich muss nur daran glauben und festhalten und nicht aufgeben!

HUNDERTFÜNFZEHN

Persönliches Mantra

„Mantra" – ein oder auch mehrere Worte, die man immer und immer wiederholt, in Gedanken, flüsternd, gesungen oder aufgesagt. Wenn ich ganz ehrlich bin, habe ich über so etwas bisher eher immer gelächelt, es als „ESO-Zeug" oder „Spinnerei" abgetan. Doch nach der Erfahrung mit den Texten von Dalai Lama und Mutter Teresa, bei denen mir jedes Wort so gut tat, ja heilsam vorkam, erinnerte ich mich an Mantras aus dem Hinduismus und Buddhismus und dachte daran, dass mir das helfen könnte, um mich, mein Inneres wieder positiver „zu stimmen". Mein persönliches Mantra ab heute heißt also **„Alles-wird-gut."** Seit einigen Tagen sage ich es mir jeden Morgen mit geschlossenen Augen und immer dann, wenn mich im Laufe des Tages schlechte Gedanken überkommen oder die Grübelei zu beginnen droht. Es klappt (bisher)! Ach, wäre das schön und so einfach!

HUNDERSECHZEHN

Neue Absage

Ich erhalte eine neue Absage, diesmal von einer Stelle, die ich echt hätte haben wollen. Bis zur Absage hat mich dieses „Vielleicht-nehmen-die-mich!“ und dieses „Das-wäre-ein-sinnvoller-schöner-Neubeginn“ so positiv gestimmt! Meine Stimmung war gut, hoffnungsvoll. Sogleich geht es mir wieder schlechter und auch dieser Sch**** mit den Mantras, was mir tagelang geholfen hat, mein „Alles-wird-gut“ kann mir dabei nicht helfen. Wenn ich es mir sage, klingt es wie Hohn, so ungefähr wie *„Ha, ha, ha, Marion! Alles wird gut! Von wegen!“* Mir geht es wieder schlecht.

HUNDERSIEBZEHN

Perspektivenlosigkeit

Wie soll es weitergehen?

Kann ich je wieder arbeiten?

Diese Fragen beschäftigen mich immer und immer wieder, oft nachts stundenlang. Mein Vater macht mir immer wieder Mut. *„Das wird schon wieder, Marion!“* Doch ich erkenne mein Leben nicht wieder. Ich war doch so glücklich, so zufrieden und auch so erfolgreich. Und nun? Alles ist weg. Es scheint mir wie ein nie enden wollender Alptraum. Trotzdem habe ich immer wieder die Hoffnung, irgendwann aufzuwachen und alles wäre wieder gut. Wie schön wäre das!

HUNDERTACHTZEHN

Der ewige Teufelskreis mit dem nicht-schlafen-Können

Es ist 1.30 Uhr, wieder diese Schlafproblematik. Diesmal jedoch anders. Diesmal kann ich gar nicht erst einschlafen, obgleich ich seit 20 Uhr im Bett liege und eigentlich völlig erschöpft bin. Doch da sind diese ständig sich wiederholenden Gedanken nach dem Sinn des Lebens, ob ich wieder Arbeit finde, wie das alles weitergehen soll … Eine Endlosschleife an negativen, angst- und sorgenvollen Gedanken. Kein Wunder, wenn ich da nicht schlafen kann.

HUNDERTNEUNZEHN

Quälende Frage „Warum?“

Auch tagsüber kann ich nicht aufhören zu grübeln. Ständiges Drandenken … Warum nur? Und warum passiert das gerade mir? Nicht enden wollende Gedanken, die alles andere als positiv sind und mich quälen und quälen. Ich bin so erschöpft. Diese Erschöpfung, die Ängste, das nicht-schlafen-Können, ich weiß bald nicht mehr weiter. Ich weiß nur eins: Wenn das nicht bald aufhört, dann werde ich verrückt. Ich kann wirklich nicht mehr. Und die nächste schlaflose Nacht kommt bestimmt.

HUNDERTZWANZIG

Nachts um 2.10 Uhr.

Es ist 2.10 Uhr. Ich wache auf, bekomme schlecht, ja schwer Luft, hab so einen seltsamen Druck auf der Brust, zwischen meiner Brust vom Bauch herauf. Gleichzeitig hab ich irgendwie Beklemmung, Ängste, Übelkeit und denke: „Was ist das schon wieder?" Mein Herz? Ein Herzinfarkt? Dafür bin ich doch zu jung! Angst habe ich, schwitze nun auch noch, reiß mir die Kleider vom Leib, sag mir immer wieder: „Beruhige dich, bleib ruhig!" Dann denk ich wieder HERZINFARKT mit 33, das gibt's doch nicht! Nachdem ich das Fenster öffnete, wird es langsam etwas besser. Es überkommt mich tiefe Dankbarkeit, als ich spüre, jetzt ist es wieder weg. So wie es kam, ging es auch wieder und trotzdem denke ich eine Weile nach, was das wieder war. Angstattacke, Panikattacke? Aber wieso? Es gibt doch keinen Grund, aus dem Schlaf heraus, eigentlich entspannt, ausnahmsweise auch ohne Traum, derart in Panik und Unruhe zu geraten? Irgendwann schlaf ich Gott sei Dank wieder ein.

HUNDERTEINUNDZWANZIG

Endlich einige positive Stunden ...

Heute ist Sonntag. Es ist noch früh am Morgen. Mir geht es gut, wie schön das ist! Kurz denk ich noch darüber nach, was das heute Nacht war. In jedem Fall war es schrecklich! Ich tausche mich dazu noch mit meinem Partner aus und beschließe, in die Stadt auf einen Kaffee zu gehen. In meinem Lieblingscafé angekommen habe ich mir einen Espresso und einen Kräutertee bestellt. Da sitz ich, denk an die vergangenen Monate, was alles geschehen ist, wie schlecht es mir teilweise ging. Ich blick gleichzeitig voraus und frage mich, was noch kommen wird. Werde ich wieder Arbeit haben? Werde ich endlich wieder glücklich sein dürfen? Gesund? Nichts wünsche ich mir sehnlicher! Um die Gedankenschleife zu bremsen, versuche ich es wieder einmal mit meinem Mantra „Alles-wird-gut!“ und diesmal hilft es mir. Es wird ein schöner Sonntag. Seit Langem verbringe ich wieder unbeschwerte(re) Zeit mit meinem Partner, ein schöner Nachmittags-Spaziergang in der Natur – Hand in Hand. Am liebsten würde ich diesen Moment der Entspannung und der Zweisamkeit einfrieren, festhalten, anhalten. Sogleich überkommt mich nämlich die Angst, dass es wieder weggeht, das gute Gefühl, die innere Ruhe und dass all das Negative zurückkommt. Ich besinne mich aufs Hier und Jetzt und genieße. Jetzt ist gerade mal alles gut.

HUNDERTZWEIUNDZWANZIG

Telefonische Erste Hilfe

Es ist Freitagabend. Mein Partner ist noch in der Arbeit. Mir geht es nicht gut. Ich bin unglaublich nervös und unruhig. Ich weiß, wenn ich nicht bald mit jemandem reden kann, am besten jetzt sofort, dann drehe ich durch. Ich rufe meine Wiener Freundin an und frage, ob sie noch „Sprechstunde“ habe; schließlich ist es schon 20 Uhr. Sie bejaht sogleich und hört aufmerksam zu. Sie ist die Einzige, die ich in so einem „Zustand“ der Unruhe anrufen kann. Mit „können“ meine ich, anrufen könnte ich viele, nur kaum jemand kann mich verstehen, mir zuhören und hält es auch aus, mich so zu hören, und zwar nicht als die *immer-so-starke-taffe-Marion*, sondern in einer Not, verzweifelt, verängstig, mit starker Unruhe, verzagt …

Ich erzählte ihr alles, was mich umtreibt, meine Gedanken, die mir in den letzten Stunden durch den Kopf gegangen sind, was diese Unruhe auslöste. Sie hört einfach nur zu und sagt immer wieder: *„Erzähl nur, ich hab Zeit, ich bin da, ich hör zu …“* Danach sagt sie mir, wie mutig ich bin, dass ich es schaffe anzurufen, mir so viel Gedanken zu machen, so offen und ehrlich zu berichten, wie schlecht es mir geht, dass ich mich nicht schäme, dass ich stolz sein könne, wie ich diese Krise, die ganz und gar nicht ohne ist, meistere. Ich bin gerührt. Weiter empfiehlt sie mir, ich solle meine Erfahrungen weiter festhalten, alle Gedanken, alle Notizen, die Erfahrungs-Notizen über die Einnahme von Psychopharmaka und so weiter. Sie glaube fest daran, dass diese Krise nicht umsonst sei, dass es eine Chance für mich und vielleicht noch für viele meiner Klienten sein wird, wenn ich wieder gesund und tätig bin. Sie sieht wohl immer noch die

Fachfrau Marion in mir, die kraftvolle, das, was ich aktuell nicht spüre. Kraft. Welche Kraft? Aber sie sagt weiter, *dass diese Kraft da sei. Sie spüre sie ganz deutlich, wenn sie mit mir spricht, wie ich alles reflektiere, welch unglaublich tolle Bewältigungsstrategien ich doch habe…*
Mensch, wenn ich sie nicht hätte!

HUNDERTDREIUNDZWANZIG

Mir-etwas-anzutun

Nie habe ich konkret daran gedacht, *mir-tatsächlich-etwas-anzutun.* ABER es gab viele Stunden und Tage, in denen ich lieber tot, als so ungut, so belastet lebendig gewesen wäre wie jetzt gerade. Ich habe eine weitere Absage erhalten. Es ist einfach alles so hoffnungslos. Immer wieder diese Absagen und dieses Gefühl von *„die-wollen-mich-auch-nicht“*. Ich hab so die Nase voll! Ich mag nicht mehr. Doch mir-etwas-anzutun wäre auch keine Option, auch wenn das alles hier keinen Spaß mehr macht, im Gegenteil, ich oft nicht mehr weiß wohin mit mir, mit all diesen negativen Nachrichten und Gedanken. Auch würde ich das meinem Partner, meinen Angehörigen, vor allem meinem Vater nicht antun wollen. Das wäre arg, und schade um mich, ich bin/war doch eigentlich eine tolle Frau – mitten(drin) im Leben!

HUNDERTVIERUNDZWANZIG

Was denn noch?

Zurzeit geht es mir gar nicht gut und dann auch noch eine Grippe. Toll. Wirklich toll. Was denn noch? Seit 3 Tagen liege ich im Bett und es wird und wird nicht besser. Jetzt nehme ich auch noch Antibiotikum. Na ja, um mich herum haben alle diese Grippe und sie scheint wohl hartnäckig zu sein. Ich übe mich mal wieder in Geduld … echt schwer.

HUNDERTFÜNFUNDZWANZIG

7 Tage später

Immer noch Grippe, deshalb auch so wenige Notizen. Ich hab fast nur geschlafen. Immer, wenn ich denke, jetzt geht es eigentlich wieder und ein wenig mehr tue, mich bewege, beispielsweise die Waschmaschine belade, haut es mich wieder zusammen, Kopfweh, Husten, Schnupfen, blutigen und grünen Auswurf. Einfach herrlich. Sogleich denk ich: *„Bravo, jetzt bist du zur Strafe dafür, dass du bisher* ***nur psychisch krank warst****, mal so richtig krank!“* Ich weiß, dass solche Gedanken dumm sind, aber sie kommen, drängen sich mir auf und sind da. Sie quälen mich nun schon seit 189 Tagen.

HUNDERTSECHSUNDZWANZIG

WARUM NUR ICH ?

Das ist die Frage, die mich wohl die ganze Zeit über am meisten begleitet hat. Ihr möchte ich mich, auch im Rückblick, heute noch einmal widmen: *Warum ich?*

Warum musste ich auf Grund einer Lebenskrise an einer Anpassungsstörung und am Ende an einer Depression mit Angst und Panikattacken erkranken? Inzwischen stelle ich mir diese Frage ganz anders:

WARUM ICH NICHT ?

Depression gilt inzwischen als „Volkskrankheit" und ist die häufigste psychische Erkrankung überhaupt. Das Risiko im Laufe seines Lebens mindestens einmal an einer psychischen Störung zu erkranken, liegt sogar bei 15 bis 20 Prozent. Knapp jeder Fünfte erkrankt einmal im Leben an einer Depression.

Also, warum ich nicht auch? Dann bin ich eben der 5. oder 10. oder 15. – Es kann JEDEN, also uns alle treffen!

Von Herrmann Hesse weiß man, dass er einer dieser Menschen mit Depressionen war. Zeit seines Lebens litt der Schriftsteller an wiederkehrenden, schweren Depressionen, die sich in seinen Texten widerspiegeln, und dass er seine negativen Gedanken, Gefühle und Grübeleien so vermutlich verarbeitete.

„Wertlos, so schien es ihm, wertlos und sinnlos hatte er sein Leben dahingeführt; nichts Lebendiges, nichts irgendwie Köstliches oder Behaltenswertes war ihm in

Händen geblieben. Allein stand er und leer, wie ein Schiffbrüchiger am Ufer.“ (aus Hermann Hesse „Siddhartha“).

Wer selbst schon einmal an einer Depression erkrankte, kennt den Unterschied zwischen vorübergehenden Phasen von gedrückter Stimmung, die wir alle einmal im Laufe unseres Lebens erleben, welche jedoch kein Vergleich zu einer tiefen Depression sind, auch wenn wir diese Tiefs umgangssprachlich oft als „depressiv“ betiteln.

HUNDERTSIEBENUNDZWANZIG

Nichts mitbekommen …

Wenn wir abends vor dem TV sitzen, bin ich oft irgendwie leer, kann mich kaum bis gar nicht konzentrieren, weil sich plötzlich wieder dieses Grübeln einstellt, weil ich über alles, wirklich alles, über Gott und die Welt, selbst über Unsinniges nachdenken muss. Mein Partner nimmt es wahr und fragt dann oft besorgt *Ist alles in Ordnung?* und ich möchte ihn nicht weiter beunruhigen und sage *Klar*, auch wenn er es mir 1. nicht abkauft, dazu kennt er mich zu gut und 2. ich am liebsten heulen würde *Nein, nix ist in Ordnung, aber daran können wir gerade eben nichts ändern.* Ich möchte aktuell einfach ein wenig darauf achten, dass MEINE Depression UNSERE Beziehung nicht gefährdet. Diese Sorge begleitet mich seit Langem. Ich hoffe, WIR überstehen das gemeinsam.

HUNDERTACHTUNDZWANZIG

Frage „Wie geht es dir?"

Normalerweise ist die Frage „Wie geht's?" eine Frage, die ich ebenso floskelhaft beantworte *„Wunderbar, ich gehöre ja zu den Menschen, die es sich gut gehen lassen."* Doch jetzt ist es eine bedeutsamere Frage und je nachdem, wer sie mir stellt, löst es unglaublichen Stress aus und ich beginne zu überlegen, gerate ins Grübeln:

Soll ich ehrlich sein?

Soll ich lügen?

Belüge ich mich dann nicht auch selbst?

Verträgt dieser Mensch die Wahrheit?

Verträgt dieser Mensch ein *„Ehrlich gesagt beschissen!"*?

Bei manchen, die mich schon seit Wochen fragen, zu denen ich inzwischen „halb-ehrlich" bin, verspüre ich sogar eine Art Erwartungsdruck, nach dem Motto *„Jetzt muss es doch mal besser werden! Dir kann es doch nicht solange schlecht gehen!"* Auch das stresst mich, denn solche Gedanken hab ich ja selbst ständig und die kann ich gar nicht gebrauchen. Ich soll mich ja in Geduld üben, denn Genesung braucht Zeit, keinen Druck. Andere wiederum sprechen ihre Gedanken direkt aus und bagatellisieren mit Aussagen wie *„Ach, das wird schon wieder! Ist doch alles nicht so schlimm!"* oder sie haben die unglaublichsten Ratschläge, die meistens mit *„Du musst einfach nur ..."* beginnen.

Und spätestens dann denke ich mir: *„Marion, warum nur warst du ehrlich und hast nicht auch bei diesem einfach SO-GETAN-ALS-OB?“*

HUNDERTNEUNUNDZWANZIG

Ehrlich sein oder geheim halten?

Ehrlichkeit war mir immer wichtig und auch jetzt beschäftigt es mich, weil ich mich immer mehr in Ausreden und Lügen verstricke. Selbst bei Menschen, die ich gerne mag, die mich vielleicht sogar verstehen würden, versuche ich meine Depression und meine Arbeitsunfähigkeit eher geheim zu halten. Diese ständige Geheimhaltung schwächt mich, macht mir unglaublich Stress. Doch welchen Preis hätte eine Offenheit, eine Offenbarung? Im schlimmsten Fall stoße ich auf Ablehnung und Unverständnis, sicherlich nicht aus Boshaftigkeit, sondern begründet durch Unwissenheit, Unbeholfenheit, Mitleid, Schock und Überforderung.
Ich finde es so doof, es macht mich auch ärgerlich, ständig *so-zu-tun-als-ob* und eine Lüge nach der anderen aufzutischen, denn hätte ich eine Lungenentzündung oder so etwas „Tolerierbareres“, könnte ich es offen sagen. Bei einer Depression wird es schon schwieriger. Weil mich diese „Lügerei“ jedoch wirklich so stresst, trotz der Angst vor Ablehnung und unguten Reaktionen, weihe ich vielleicht einen ausgewählten Kreis ein, denn ich denke, ein (selbst)bewusster, offener Umgang mit meiner Erkrankung tut mir vielleicht

gut und wäre heilsam(er). Vielleicht kann es auch Vorteile haben, wenn mir manche ihr Verständnis und ihre Unterstützung aussprechen, gerade Menschen in meinen Umkreis, die selbst schon Krisen überstanden haben – und nicht zuletzt diejenigen, welche ich selbst schon durch so manche Krise begleitet habe. Das überlege ich mir noch.

HUNDERTDREISSIG

Outing-Brief

Es ist 23.45 Uhr. Ich kann nicht schlafen. Heute bin ich erneut einige Male nicht ans Telefon gegangen, auch habe ich ganz herzliche Briefe und Karten, die sich auf meinem Sekretär stapeln, bis heute nicht beantwortet. Ich fühle mich schlecht dabei. Das haben meine Freunde auch nicht verdient. Sie machen sich sicherlich Sorgen um mich. Ich, die ich ja immer so aufmerksam war, immer kleine Herzlichkeiten und Gesten versandte, auch oder gerade wenn wir uns wegen Stress lange nicht sehen konnten. Ich beschließe also, doch einen Brief an diese zwei Hände voll Menschen, die ich ja liebe und gern habe, zu schreiben, um mich zu erklären, um endlich „Farbe zu bekennen“, warum ich mich so zurückgezogen habe. Viele vermuten und ahnen es sicher schon. Nur ein, zwei wenige wissen ETWAS von diesem Alptraum, weil mein Vater es berichtete.

Ich verfasse also diesen Brief, diese Mail.

„Liebe Freunde, liebe verwandte Freunde,
dieser Brief erreicht dich/euch, weil du mir wichtig bist, weil ich dich sehr gern mag und ich die Gespräche, Telefonate, den Austausch vermisse, weil ich dich vermisse.
Manch einer ahnt es vielleicht schon, warum ich mich so zurückgezogen habe, immer wieder Treffen absage, auf Nachrichten gar nicht erst reagiere oder eben einfach nie Zeit zu haben scheine. Die Wahrheit ist, mir geht es nicht gut. Schon eine ganze Zeit lang. Seit einem halben Jahr bin ich nun krank, gehe nicht zur Arbeit. Zeit hätte ich also genug, nur leider keine Kraft. Ich bin froh, meine nötigsten Dinge „gebacken" zu bekommen. Gespräche, der einfache Alltag, alles ist mir einfach zu anstrengend und oft sogar unüberwindbar. Während ich diese Zeilen schreibe, verspüre ich ein wenig Scham … und hoffe, du verstehst mich, entschuldigst meine Abwesenheit und auch so manche „Notlüge", wenn ich mich in Ausreden „keine-Zeit-zu-haben" verstrickte. Manch einem von euch hab ich nicht einmal persönlich zum Geburtstag gratuliert. Gerade ich, wo mir das immer so wichtig war. Ganz untypisch für mich, hab ich nur manchen wenigstens geschafft eine Karte zu schreiben – auch das tut mir leid. Ich weiß nicht, ob ihr Erfahrungen mit solchen Tiefs, mit solchen Lebenskrisen, die einen völlig aus der Bahn werfen können, habt. Doch manch einen

durfte ich schon durch solche Krisen begleiten. Du merkst sicher, wie ich um Worte ringe. Es fällt mir schwer, diese Zeilen zu schreiben, die richtigen Worte dafür zu finden. Es war mir aber ein Bedürfnis, ehrlich mit euch zu sein, den Kontakt nach so langer Zeit zu suchen. Ich hoffe, ich bin bei euch noch nicht „abgeschrieben" oder ganz vergessen. Ich bitte euch auch jetzt, nicht direkt alle gleichzeitig anzurufen, obwohl ich euch, wie gesagt, vermisse ... Das würde mich doch sehr überfordern. Eines ist mir noch wichtig zu sagen: DANKE! Danke für euer NICHT-Aufgeben, eure Postkarten, eure SMS und Mails sowie eure zahlreichen Nachrichten auf der Mailbox, die ich nicht mal beantwortet habe. Danke für euer an-mich-Denken, die herrlichen „Power-Frauen-Tees", euren Zuspruch, euren Mut. Dadurch habt ihr mich ein Stück durch diese Krise getragen und begleitet. Das war mir sehr viel wert, auch wenn ich das so noch nie formulieren konnte. Ich bin inzwischen sicher, dass es aufwärts geht, auch deshalb habe ich die Kraft euch zu schreiben, und ich wieder ganz die „Alte", Eure Marion, werde, die schon bald wieder mit euch zusammen sitzt, lacht, Lebensfreude verspürt. Doch momentan muss ich mich noch in Geduld üben, eventuell noch eine Reha in einer Klinik anschließen. Dann teile ich euch Datum und Adresse meines Aufenthaltes mit. Ich denk an euch und freue mich auf bessere Zeiten.
In tiefer Dankbarkeit und Freundschaft
Eure Marion

HUNDERTEINUNDDREISSIG

Berührende Reaktionen

Heute erreichen mich gleich zwei Nachrichten, eine Mail und eine SMS, auf meinen Brief hin, meinem „Outing“ der letzten schlaflosen Nacht…

„Liebe Marion, ich danke dir für deine Zeilen. Für deine Offenheit, deinen Mut und deine Ehrlichkeit. Ich habe schon befürchtet, dass es dir gar nicht gut geht! Bin in Gedanken ganz nah bei dir! Bitte gib mir Bescheid, wenn ich dir was Gutes tun kann oder du mich brauchst. JEDERZEIT!
Alles Liebe derweil, deine A.“

„Liebe Marion, für mich gar kein Problem, ich ‚warte auf dich‘, weil uns eine tiefe Freundschaft verbindet, nicht erst seit gestern, weil du mich auch schon durch so manche Krise begleitet hast, weil ich dich so mag, wie du bist. Bestimme du den Zeitpunkt, wann du mich brauchst oder du dich treffen magst, ich bin da – jederzeit, möchte aber eben auch nicht drängeln. Achte auf dich, achte darauf, wann du dazu bereit bist – von Herzen alles Liebe für dich, ich denk an dich! Deine C.
P.S. Der kleine Buddha soll dich begleiten, dir Glück, Frieden und Gesundheit schenken!“

HUNDERTZWEIUNDDREISSIG

Vorurteil(e)

Obwohl Depressionen längst zur Volkskrankheit Nr. 1 zählen, belächeln viele diese „Blaumacher-Krankheit". Als Betroffene leide ich dann nicht nur unter der Krankheit, als wäre das nicht schon genug, sondern kämpfe zudem auch noch mit dem Unverständnis meiner Mitmenschen. Deshalb habe ich ja auch solange, bei manchen bis heute, meine Erkrankung verschwiegen. Aus Angst vor falschen Vorurteilen. Dabei wäre ein offener Umgang hilfreich und heilsam. Denn ist es nicht menschlich, ja urmenschlich, auch mal einen „Durchhänger" zu haben, nicht so wie sonst „zu funktionieren"? In unserer leistungsorientierten funktionalen Welt ist das leider immer noch so. Mir scheint es fast so, als gibt es nur Gewinner oder Verlierer – sogenannte Looser, eben die, die nicht in unser „Weltbild" passen. Mir kommt es fast so vor, als leide unsere Gesellschaft an einer Art „EmpathieDemenz", in der kaum mehr jemand zu Mitgefühl fähig ist. Unglaublich. Jetzt, wo ich es selbst erlebe, finde ich es unglaublich. In meiner therapeutischen Tätigkeit zuvor haben mir dies meine Klienten immer wieder beschrieben. Auch im Bereich der Sterbebegleitung fiel mir auf, dass wir in unserer Gesellschaft allgemein mit Schwäche, Gebrechen, ja letztlich mit Sterben und Tod unsere Probleme haben und dabei die Augen vor einem wesentlichen Abschnitt in unserem Leben verschließen. Zugegeben, auch ich kämpfe hin und wieder mit den Vorurteilen, weil sie mich selbst erfassen, ich mir damit selbst im Wege stehe. Diese werden dann zu unendlichen, selbstverachtenden Gedankenschleifen, in denen ich mir immer und immer wieder sage: *„Mensch Marion, du musst wieder arbeiten, musst dich zusammenreißen, das kann doch nicht so weitergehen. Du kannst den anderen doch nicht auf der Tasche liegen …“* Das sind Vorurteile, die ich irgendwann im Leben übernommen, angenommen habe, die mir jetzt auch noch im Wege stehen und mir immer wieder einreden: *„Arsch hoch und los!“*

HUNDERTDREIUNDDREISSIG

„Kannst mich immer anrufen!“

Von den wenigen „Eingeweihten“ bietet mir manch einer an *„Du kannst mich immer anrufen – jederzeit!“* Auch heute sagt mir das eine ganz liebe Bekannte, die schon lange ahnt, dass es mir nicht gut geht, ich es auch nicht leugnete, aber eben auch nicht extra vertieften wollte. Diese „Floskel“ ist zwar unheimlich lieb, doch stürzt sie mich manchmal eher in Wut oder Traurigkeit, denn: *Was dann? Was ist, wenn ich, wenn es mir schlecht geht, anrufe? Wo ich doch grad dann kaum noch telefonieren kann? Was bringt's? Es kann mir dann sowieso niemand helfen! Und immer nur jammern oder heulen kann ich mich selbst nicht mehr hören und vor allem, es ändert nichts, absolut*

nichts an diesem Alptraum, an meiner inneren Not.
Das erinnert mich an ein Zitat von Bruce Lee:
**„Man kann dir den Weg weisen,
gehen musst du ihn selbst.“**

Meinen Lebensweg und ist er momentan noch so steinig und verschlungen, oder führt manchmal in tiefe Täler, gehen muss ich ihn selbst. Dabei kann mir niemand helfen.

HUNDERTVIERUNDDREISSIG

Und dann auch noch die Kilos

Gewichtsprobleme sind auch ein Symptom der Depression. Sie werden durch die Einnahme von Antidepressiva hervorgerufen. Es war ja eigentlich klar, dass das irgendwann kommt, das hatte ich schon lange befürchtet.
Mein Partner und ich wollen zum Skifahren. Ich will in die neue(!) Ski-Hose schlüpfen und siehe da, sie passt nicht. O nein! Wann war ich das letzte Mal auf der Waage? Wie konnte ich das nur übersehen? Das darf nicht wahr sein! Das nun auch noch, das leidige Gewichtsthema! Einfach zum Kotzen! War doch klar, mit diesen Tabletten und durch die Antriebslosigkeit und Reduktion meiner Aktivität(en). Doch wo wäre ich ohne diese Medikation? Ich kann mich jetzt nicht auch noch um eine „gute Figur“ kümmern, ich brauch

schon alle Kräfte für die Bewältigung meines Alltags. Schluss. Gewicht ist später dran.

HUNDERTFÜNFUNDDREISSIG

Psychische Schmerzen

Immer wieder leide ich an Schmerzen, bei denen ich sogleich aber auch den Verdacht habe, dass sie gar nicht da sind, ich sie mir nur einbilde. Manche, wenn ich es nicht schaffe sie lange genug zu ignorieren, bespreche ich dann mit meiner Hausärztin, die so einfühlsam ist, alles ernst nimmt, es sich dann aber auch nach Tests herausstellt, dass nix ist. ☹ Oft denke ich daran, dass sie bald auch denkt, ich spinne ... Gut, dass sie mich auch anders recht gut kennt. Das ist dann wohl die 4. Diagnose: F 45, ganz nach dem Motto: *„Der Körper schreit, die Seele schweigt ...“*

HUNDERTSECHSUNDDREISSIG

Schicksal – Bestimmung

Ich weiß, das klingt blöd, aber in letzter Zeit denke ich immer öfter daran, ob das alles, diese Krise, mein Schicksal, meine Bestimmung ist und ob einem alles irgendwie „vorbestimmt“ ist? Vielleicht ist es ja wirklich meine Bestimmung, SOWAS einmal selbst durchleben und erfahren zu müssen, um beispielsweise später noch einfühlsamer und aus der Erfahrung heraus mit meinen Klienten zu arbeiten? Oder es gehört zum kreativen Tun und Sein dazu? Auch vor der Erkrankung war es so, dass ich in „schlechteren Phasen“, in emotionalen Tiefen *(jedoch kein Vergleich zu dieser Depression jetzt, das ist wirklich was anderes)* immer unglaublich kreativ war, Gedichte verfasst habe, ganze Bücher geschrieben, gemalt und gestaltet habe. Es scheint mir so, als ob diese negativen Emotionen seit jeher meine Kreativität steigerten. Vielleicht sollte ich also diese Krise als (Lebens)Erfahrung annehmen, als mein Schicksal, was mich reifen lässt!? Deng Ming-Dao schreibt in „Tao im täglichen Leben“ dazu: **„Der weise Mensch geht nicht aus, wenn die Schicksalsmacht gegen ihn ist.“**

Vielleicht soll ich diese Krise also wirklich EINFACH ANNEHMEN – sie mit einem etwas anderen Blickwinkel betrachten. Viel positiver. Den Gedanken nehme ich heute einmal mit in meinen Tag.

HUNDERTSIEBENUNDDREISSIG

Gedankenkarussell um 3.20 Uhr

Es ist 3.20 Uhr. Ich kann schon eine gefühlte Ewigkeit nicht schlafen und versuche meine Gedanken in mir niederzuschreiben, um dann vielleicht, wenn es endlich wieder still in mir ist, weiter zu schlafen …

Inzwischen sind es nun schon 209 Tage, an denen ich wie unter einer Käseglocke lebe.

Stillstand.

Von 100 auf 0 und plötzlich war alles anders.

Ich war doch so glücklich, so erfolgreich, so lebensfroh. Alles weg, einfach weg. Emotionen weg. Die Liebe zum Leben weg.
Aber warum? Warum nur?
Die Gedanken kreisen vorwärts und rückwärts im Kreis. Tag und Nacht. Auf und ab.
Marion, du musst was tun! Reiß dich zusammen, steh auf, mach, tu ...
Ich erkenne mich nicht wieder. Alles anders. Nicht mehr ich.
Warum? Warum nur?
Ich war doch so glücklich, so taff, so lustig, eben ich.
Wo bin ich nur hin?
Was ist nur los? Was stimmt nicht mit mir? Werd ich verrückt?
Was kommt als Nächstes? Wie konnte es soweit kommen?
Jetzt muss es doch mal aufwärts gehen, weiter gehen, wieder positiv, wieder glücklich, wieder wie früher – eben wie ich, so wie ich mich kenne.
Was oder wer kann mir nur helfen?
Und so weiter, und so weiter, und so weiter ...
Es ist wirklich Wahnsinn, dieses ewige Gedankenkreisen, vor allem nachts, da ist es meist schlimmer, weil es durch die Dunkelheit und Stille intensiver ist als am Tag.
Ich mach dann oft das Licht an, um sie abzuschütteln, weil sie mir im Dunkeln schlimmer vorkommen, die Gedanken, und sogar Angst machen.

HUNDERTACHTUNDDREISSIG

Angst, „jemand-bemerkt-was"

Nach wie vor habe ich Angst, jemand merkt *„Mit der stimmt was nicht, die wird immer komischer"* und mache mir Gedanken, was die anderen wohl über mich denken; gerade eben auch die, die mich anders, GANZ ANDERS, kennen und nichts von meiner Lebenskrise wissen. Ich versuche mich also ständig zu verbiegen, denke mir was weiß ich für Geschichten aus. Beispielsweise auf die Frage, ob ich aktuell nicht arbeite, sage ich, ich hätte mir unbezahlten Urlaub genommen, um einige Artikel und ein weiteres Fachbuch zu schreiben. Gelogen. Alles gelogen. Und gerade das widerstrebt mir so. Doch viele würden es nicht verstehen, können mit sowas wie „psychischen Erkrankungen" oder allgemein Krisen nicht umgehen und würden mich nur abstempeln. Da muss ich mich wohl weiter durch solche Notlügen selbst schützen. Hilft nichts.

HUNDERTNEUNUNDDREISSIG

Gemeine Vorurteile

Heute war ich in meinem Lieblingscafé. Es dauerte ewig, bis ich mich aufgerafft hatte mich zu duschen, anzuziehen und dort hinzugehen. Und dann unterhielten sich dort zwei Menschen, die ich eigentlich gerne mag. Ich hörte, wie sie über eine kranke Freundin sprachen. Hinter der Beschreibung vermutete ich eine

Depression. Die eine sagte zur anderen im Gespräch: *„Wieder so eine mit Burnout und Depression, die verarscht uns doch nur alle, die ist einfach nur zu faul zum Arbeiten, sie liegt uns allen nur auf der Tasche, die soll sich zusammenreißen, aufstehen und ihre Arbeit tun wie wir alle.“* Ich war betroffen und dachte sogleich an meine eigene Situation. Wer würde dies über mich sagen? Ich arbeite derzeit auch nicht, aber weil ich nicht kann, auch wenn ich von außen gesehen ganz „normal“ und gesund wirke, mir nichts zu fehlen scheint. Muss jeder so etwas selbst erlebt haben, damit er es nachvollziehen kann? Dann hörte ich, wie sie weiter reden: *„Jetzt will sie auch noch in eine Reha-Klinik gehen.“* – *„Klar, malen und töpfern auf unser aller Kosten, das würde ich auch gerne mal!“* Ich dachte, ich höre nicht recht, werde wütend, fast wünschte ich den beiden selbst eine Depression, nur für zwei, drei Tage, damit sie es nachvollziehen können. Ich denke dann daran zurück, wie beschämt ich am Anfang war, auch heute noch zwischendrin immer wieder bin, eben genau wegen solcher Vorurteile, die ich mir ja selbst vorhielt. Solch eigene Vorurteile gegen mich selbst: *„Super Marion, jetzt liegst du der Krankenkasse auf der Tasche, du taugst nichts mehr, reiß dich zusammen ...“* Gottlob konnte ich das nun weitestgehend abstellen, obwohl es mir heute, durch dieses unabsichtlich belauschte Gespräch, wieder im Kopf herumschwirrt.

HUNDERTVIERZIG

Um 2.43 Uhr

Ich bin hellwach. Gedankenkreisen. Ich denke über das Gespräch der zwei Frauen im Café noch nach, wie gemein das doch ist, wie schnell man in solch Vorurteile „stolpert" und daran festhält, wie schnell man Menschen einfach „abstempelt". Stempel drauf. Aus und fertig! Weiter denke ich, dass die gar nicht anders können, weil sie es nicht verstehen, nicht nachvollziehen können. Die glauben das, was sie da von sich geben, wirklich ganz bestimmt. Das schürt meine Ängste erneut und ich beschließe, noch vorsichtiger zu sein, mit wem ich offen und ehrlich über meine momentane Lebenssituation spreche. Auf Nachfrage anderer, mit denen ich mich nicht ehrlich austauschen möchte, sage ich beispielsweise bei der Frage *„Hast du heute frei?"* inzwischen eiskalt *„Genau, heute frei, muss auch mal sein!"*

Abgestempelt

Depressiv
Die spinnt
Einfach depressiv
Bisschen sonderbar
Nicht ganz echt
Beklopft eben
Stempel drauf! Fertig!
Aus – und abgestempelt!

Beklopft eben
Nicht alle Tassen im Schrank
Schraube locker
Schrauben verloren
Psychoklatsche
Sockenschuss eben
Sinnlos
Schräg
Sonderbar
Seltsam
Spinnt einfach
Verrückt
Hat den Schuss nicht gehört
Hat einen an der Waffel
Die hat nen Vogel
Die tickt nicht richtig
Hat nicht alle im Hinterstübchen beisammen
Sprung in der Schüssel
Beklopft eben
Nimmt Psychopillen
Hat ne Meise
Nen Schlag
Ist nicht ganz bei Trost
Ist total verstrahlt
Verpeilt
Neben sich
Hat nen Dachschaden
Depressiv eben

Beklopft eben
Depressiv
Die spinnt
Einfach depressiv
Bisschen sonderbar
Nicht ganz echt
Beklopft eben
Stempel drauf ! Fertig!
Aus – und abgestempelt!

Marion Jettenberger

HUNDERTEINUNDVIERZIG

Und immer wieder diese Ratschläge

Ratschläge. Worte. Leere Hülsen.

„Ach, ist doch nicht so schlimm!"

„Ach Marion, du musst einfach nur wieder auf die Füße kommen!"

„Ach, solche Krisen gehen auch vorüber."

„Ach, schau, es gibt Schlimmeres, woanders verhungern Menschen oder werden niedergeschossen!"

„Du müsstest einfach mehr Sport treiben, dann ginge es dir besser!"

„Marion, ich kenne einen guten Handaufleger, ein Schamane, der kann dir bestimmt helfen!"

„Sei froh, dass du noch lebst, gestern ist … gestorben."

Alles sind sicherlich gut gemeinte Ratschläge. Doch helfen, helfen kann mir kein einziger. Es sind leere Worte, Worthülsen, durch die ich mich nur noch mehr unverstanden und nicht ernst genommen fühle und denke *„Kein Mensch versteht das, bis er es nicht selbst am eigenen Leibe erfährt."*
Dabei ist gerade ein „sich-verstanden-Fühlen" ein so wichtiges, existenzielles Grundbedürfnis eines jeden Menschen. Ich persönlich sehne mich in Freundschaften gerade immer nach diesem Gefühl des *einander-Verstehens;* sicherlich DIE Basis für all meine Freundschaften um mich herum, als auch für meine Partnerschaft.

HUNDERTZWEIUNDVIERZIG

Suizidgedanken

Gegen einen Baum zu fahren oder einfach die Brücke rechts „runter zu fahren" – solche Gedanken drängten sich mir immer mal wieder auf, aber ich habe mich immer ganz klar dagegen entschieden. Dafür ist mir das Leben doch noch zu schön, wenn es auch grad schwierig ist. Irgendwie irre, das kann man kaum jemandem erzählen, denn alle denken sofort „Die gehört in die Klapse" und einem wohlgesinnte Menschen, Partner, Eltern, die machen sich direkt Sorgen, ob man sich wirklich was antun würde. Aber das kann ich verneinen. Die Gedanken kommen zwar immer mal wieder, aber das tu ich nicht.

HUNDERTDREIUNDVIERZIG

Ich glaub, ich sterbe …

Klar sterbe ich nicht. „So schnell stirbt man nicht!“ Doch dieses „Gefühls-Bild“ ist irgendwie passend für meine aktuelle Situation.

Ich kann einfach nicht mehr: diese Grübelei, das nicht-schlafen-Können, diese negativen Gedanken, Alpträume, diese Antriebslosigkeit, die Müdigkeit, das ständige erschöpft-Sein, diese Entfremdungsgefühle, nicht mehr ich, nicht mehr „normal“ zu sein oder gar verrückt zu werden.

Heute ist es wieder besonders schlimm. Ich bin so müde und muss dann noch an all das denken, statt einfach mal nichts-denken-zu-müssen. Ich hab wirklich das Gefühl zu sterben, so blöd es klingt, und ich kognitiv weiß, dass das ein Blödsinn ist.

Aber: Ich werde auch diesen schrecklichen grauen Tag überstehen, wie so viele andere auch.

HUNDERTVIERUNDVIERZIG

Ich bin es leid

Ich bin es leid

Ich bin es leid, wie ich mich fühle.
Ich bin es leid, dieses triste negative Grau.
Ich bin es leid, die grauen Gedanken.
Ich bin es leid, das Gedankenkreisen.

Ich bin es leid, mich selbst reden zu hören,
mich selbst immer nur jammern zu hören.
Ich bin es leid, ich zu sein.
Ich bin es sooo leid,
einfach leid,

ich will wieder glücklich und frei sein,
frei von all diesem Negativen,
frei von Angst,
frei von Scham,
frei vom Rückzug,
von Sorgen und Leid.
Ich will leben können und dürfen, voll Lebensfreude, Frieden, Liebe und Glück.
Ich will leben dürfen, ohne Angst davor, dass es gleich wieder vorbei sein kann,
weil die nächste Angst oder Panikattacke daherkommt,
weil Sorgen mich beschleichen.
Ich will wieder ICH sein
SEIN dürfen
FREI von allem Negativen, all dieser Last.
FREI und SEIN
einfach frei sein dürfen.

Marion Jettenberger

HUNDERTFÜNFUNDVIERZIG

Unwissenheit? Dummheit oder Gemeinheit?

Die meisten Menschen können sich nicht vorstellen, wie es einem Menschen mit Depression geht, was er denkt, wie er sich fühlt. Leider erlebe ich immer wieder, dass diese Unwissenheit oder dieses fehlende Einfühlungsvermögen dazu führt, solch gedankenlose und zutiefst verletzende Sprüche loszulassen, wie *„Der hat doch nur keine Lust zu arbeiten!"*, *„Der kriegt doch nur seinen Hintern nicht hoch!"*, *„Die spinnt doch, die hat sie nicht mehr alle!"*, *„Der hat doch nen Dachschaden!"* und ähnliche Reaktionen. Ich bin immer wieder zutiefst verletzt und bestürzt, wenn ich solche Aussagen höre. Zum Teil sind diese von Menschen, von denen ich was halte, gebildete Menschen, auch medizinisch geschulte Menschen. Doch von solchen Vorurteilen sind wir alle nicht frei, bis einen das, was man selbst eben noch belächelt oder verurteilt hat, selbst ereilt. All dies geschieht in unserer so aufgeklärten Welt? Das macht mich oft zusätzlich so unendlich traurig und enttäuscht mich.

Erst neulich bekam ich wieder einen Flyer in die Hand, der solchen Vorurteilen und solcher Unwissenheit vorbeugen kann. Die besten Tipps daraus halte ich nachfolgend mit meinen Worten fest, sowie eigene Tipps aus meinen Erfahrungen.

- *Halte dich mit gut gemeinten Ratschlägen zurück!*

Ein *„Nimm dich zusammen!“* bringt nichts außer erneuten Schuldgefühlen, weil man nicht so kann, wie man eigentlich müsste.

- *Appelliere nicht!*
  Appelle wie zum Beispiel *„Du bist doch früher so gerne laufen gewesen, das solltest du tun! Da ginge es dir besser!“* helfen gleichfalls nicht, machen nur Druck und führen meist nur zu Rückzug oder gar Beziehungsabbruch.
- *Signalisiere Offenheit und Gesprächsbereitschaft!*
  Biete Gespräche an, sei da! Dein Gegenüber kann, wenn er möchte und kann, Kontakt aufnehmen.
- *Nimm den Rückzug nicht persönlich!*
  Depressive ziehen sich zurück, sind oft kaum noch in der Lage, soziale Kontakte zu hegen und zu pflegen. Nimm das nicht persönlich, es ist dem Depressiven kaum möglich, sich jemanden zu widmen.
- *Hör nur zu und zeig Verständnis!*
  Wenn du einfach „nur“ ein offenes Ohr hast, statt klugen, gut gemeinten Ratschlägen, ist das viel mehr wert. Damit zeigt sich aufrichtiges Verständnis.
- *Werte nichts!*
  Geh nicht von dir aus oder dem vermeintlich „Normalen“, so vermeidest du (Ab-)Wertungen.

- *Nimm deinen depressiven Mitmenschen ernst,* egal wie irrational seine Ängste und Sorgen klingen mögen.

Ein Mensch mit Depression lebt vorübergehend in einer Welt, die ein gesunder Mensch, der das noch nie erlebt hat, nicht nachvollziehen kann. Sein Denken und Fühlen ist völlig anders: geprägt von Schuldgefühlen, mangelndem Selbstvertrauen und negativen Gedanken. Auch wenn dieser Mensch zuvor ein glücklicher, lebensfroher Mensch war, zieht er sich vielleicht immer weiter in sein Schneckenhaus zurück und verfällt in eine Art emotionale Starre und Passivität. Von außen sieht es aus, als müsste er sich nur „zusammen reißen" oder er sei nur „faul". Doch dem ist nicht so. Die einfachsten Tätigkeiten sind ihm nicht mehr möglich. Mit diesen Menschen muss man also anders umgehen, ihnen achtsam begegnen. Das habe ich selbst zum Teil leidvoll erlebt.
Demütig denke ich hier wieder: Unser Lebensglück, unsere Lebensfreude, Gesundheit und unser innerer Friede sind nicht „herstellbar", nicht „machbar". Jeden kann es treffen, jeder von uns kann von heut auf morgen an einer Depression erkranken und wäre so dankbar, wenn seine Umwelt, seine Mitmenschen dann mit-menschlich, achtsam und verständnisvoll reagieren würden.

HUNDERTSECHSUNDVIERZIG

Stimmungstief „tiefer geht's nicht mehr"

Meine Stimmungslage wird immer instabiler und es geht mir immer schlechter ... Ich kann das gar nicht richtig erklären. Es ist einfach dunkel, scheußlich, grauenvoll, es kriecht einfach in mich hinein, dieses „Negative". Alles verdunkelt sich, egal, was ich mache. Grausam. Ich versuche durch heißen Tee, Wärme, Licht, Musik, einem schönen Duft in der Duftlampe dagegen anzukämpfen, zumindest an den Tagen, an denen ich das noch kann. Doch es hilft nichts. Ich bin echt am Ende. Mir geht es richtig schlecht. Grundlos. Sobald ich dann nach Gründen suche, komm ich auch noch ins Grübeln über die Arbeit, den Verlust des Arbeitsplatzes, denke an einzelne Klienten, von denen ich mich nie habe verabschieden können, an Kollegen, die ich mochte ... Dann denke ich wieder daran, wie es weiter gehen soll, wie und wo ich wieder einen Platz finde, einen neuen Wirkungsort. Doch aktuell, und das ist so traurig, kann ich gar nicht. Ich bin so ein Wrack! So bin ich ja niemand nütze! Ich muss erst wieder gesund werden – ach, wenn ich morgen nur aufwachen würde und alles nur wieder völlig „normal" und „gut" wäre.

HUNDERTSIEBENUNDVIERZIG

Trostpflaster Alkohol

Ein Gläschen in Ehren kann niemand verwehren … Doch ich nutze Alkohol immer mehr als Trostpflaster, zum Beispiel gegen Anspannung oder Stimmungstiefs. Es ist einfach oft tröstlich und entspannend, zumindest im ersten Moment, ein Gläschen Wein zu trinken. Nur bleibt es inzwischen eben lange nicht mehr bei einem Gläschen Wein. Das durch das Trinken hergestellte „gute, entspannte Gefühl" stellt sich zwar bereits nach wenigen Schlucken Alkohol ein und ich fühle mich sogleich gelöster, doch löst es ja die Ursachen und Probleme dadurch nicht in Luft auf. Trotzdem nutze ich es als Beruhigungsmittel, leider viel zu oft, fast jeden Abend, wohl wissend, dass das alles andere als gesund ist und schnell zu einer psychischen und körperlichen Abhängigkeit führen kann. Aber es hilft eben und tut so gut, gerade in den Momenten der Unruhe, und lässt mich wenigstens manchmal entspannen.

HUNDERTACHTUNDVIERZIG

Wenn die wüsste …

Heute begegnete ich einer entfernten Bekannten. Sie sprach mich an, ich würde müde aussehen (ich hatte eine fürchterliche, schlaflose Nacht hinter mir, bin verwundert, dass man das sieht). Sie sagt weiter: „*Du siehst überhaupt so müde aus in der letzten Zeit, irgendwie blass und erschöpft. Vielleicht brauchst du*

mal jemanden zum Reden, eventuell einen professionellen Zuhörer für dich selbst?" Sie redete und redete weiter, jeder brauche so was schließlich ab und zu, gerade auch Menschen in sozialen Berufen wie wir ... Ich höre schon gar nicht mehr hin und denke: *„Ach, wenn die wüsste, wenn die wüsste, dass ich schon seit Monaten nicht arbeite, sondern in therapeutischer, ja psychiatrischer Behandlung bin, Psychopharmaka einnehme ..."*
Tja, wenn die wüsste ...! Man kann einfach in niemanden hineinschauen.

HUNDERTNEUNUNDVIERZIG

Dieses „normal-Sein"

Die halbe Nacht konnte ich wieder nicht schlafen, hab mir Gedanken zum Thema *„Wer oder was ist schon ‚NORMAL'?"* gemacht. Und wer bestimmt das, dieses normal, die Norm? Dieses NORMAL hat mich seit jeher beschäftigt. Schon immer mochte ich Menschen, die Aussagen wie *„Der/die/das ist doch nicht normal"*, kritisch hinterfragten. *„Was ist denn schon normal?"* und *„Wer bestimmt das?"* Auch beruflich wehrte ich mich dagegen, „genormte" Menschen zu betreuen und wechselte von der Erzieher-Schule (nach einem Praktikum im REGEL-Kindergarten) in den Bereich der Heilerziehungspflege (in einen INTEGRATIV-Kindergarten). Schon sehr früh machte mich diese allgemeine Intoleranz gegenüber Abweichungen von der „Norm" ärgerlich und nachdenklich. Als „normal" gelten wohl Dinge oder Menschen, die dem Durchschnittswert entsprechen oder diesem möglichst nahe kommen. Infolge dessen sind Menschen oder Dinge, die weniger dem Durchschnitt, der sogenannten NORM, entsprechen, nicht „normal". Das finde ich verrückt, denn seit jeher dachte ich, sind gerade wenn es um Menschen geht, die nicht der NORM, dem Durchschnitt entsprechen, diese etwas ganz BESONDERES. Und ganz ehrlich, wer will denn schon „durchschnittlich", also „normal" sein? Also ich möchte mich in keine Norm pressen lassen. Doch wie oft hört man den Satz „Der/die ist doch nicht normal." Solch abwertende, abfällige Aussagen kommen einem schnell über die Lippen. Doch ein „Anderssein" oder „auffälliges Verhalten" muss nicht direkt gestört oder krank sein, nur weil ich es in dem Moment nicht als „normal" empfinde. Im Zusammenhang mit meiner Depression beschäftigt mich die Frage nach „normal" und „unnormal" schon seit Tagen. Bin ich nun nicht mehr „normal", weil ich eine Depression habe, sicherlich eine Frage der Perspektive.

HUNDERTFÜNFZIG

Im Sumpf der Depression

Mein Befinden ist so beeinträchtigt, dass es mir (m)ein normales Leben unmöglich macht. Es ist zum Verzweifeln und so schmerzlich und ich weiß, dass ich das so echt nicht mehr lange aushalten kann. Doch was dann? Telefonanrufe ignoriere ich weiter. Wenn ich die Nummern erkenne, von Menschen, die ich eigentlich mag, schäme ich mich dafür, wohl wissend, dass sie sich sicherlich Sorgen machen, aber ich kann nicht. So sehr ich es auch möchte, mich anstrenge, ich kann nicht. Doch eins weiß ich parallel dazu die ganze Zeit – KOGNITIV, auch wenn es mir EMOTIONAL so schlecht geht: ICH WERDE NICHT AUFGEBEN. DAS ALLES WIRD IRGENDWANN AUFHÖREN und endlich EIN ENDE HABEN.

HUNDERTEINUNDFÜNFZIG

Dank an meinen Partner

Gestern Abend hat mir in meiner Not, in diesem SUMPF DER DEPRESSION, wieder einmal mein Partner zugehört. Wie schon unzählige Male. Er ist ein guter Zuhörer. Ich bin ihm so dankbar dafür. Wie er das alles durch- und aushält mit mir, es aushält, nach einem langen Arbeitstag *(er ist Arzt und leistet sicher den ganzen Tag genug Erste Hilfe und möchte abends dann auch einfach abschalten, Ruhe und Frieden finden, um Kraft für den nächsten übervollen Tag zu tanken)* mir noch knapp eine Stunde zuzuhören, während ich mehr schluchze als erzähle, beschreibe, dass ich bald nicht mehr kann, mein Leben nicht mehr mag, es nicht mehr aushalte, dass alles „ZUM-DAVONLAUFEN-IST“. Das ist kein leichtes Gespräch und nicht jede Beziehung, das ist mir völlig klar, kann so etwas aushalten. Viele Beziehungen zerbrechen an solchen Krisen. In diesem Bewusstsein schreibe ich sofort noch eine Karte an ihn, die ich ihm morgen früh gleich in den Postkasten werfe:

Mein lieber Schatz,
ich danke dir, dass du an meiner Seite bist. Dass du mich liebst, auch in diesen schweren Zeiten, das ist nicht selbstverständlich… Weil ich meinen Dank kaum in Worte fassen kann, sende ich dir diesen Text, den ich nach unserem Telefonat verfasst habe … mit den einfachen 4 Worten: ***DANKE*** *und* ***ICH LIEBE DICH!***
Deine Marion

Heut möchte ich dir vergelt's Gott sagen,
für deine Begleitung in diesen schweren Tagen,
du warst immer da, hast oft mit mir gelitten,
das war nicht leicht – unbestritten!

HUNDERTZWEIUNDFÜNFZIG

Quälende Ängste

Angst, woher auch immer, überkommt mich, plötzlich, auch ohne Grund, manchmal so heftig, dass ich wirklich denke, daran zu sterben. Heute Morgen hat mich mein ehemaliger Arbeitgeber angerufen, aber nichts auf die Mailbox gesprochen. Ich hab nur die Nummer gesehen und mich überkam so eine tiefe, quälende Angst und ich war völlig „von der Rolle", begleitet von Herzrasen, Unruhe und Schweißausbrüchen. Erst ein Telefonat und die Beratung mit meinem Vater, was ich tun solle, brachten ein wenig Entspannung. Das ist echt quälend, weil ich es mir nicht erklären kann, weshalb ich so Angst bekomme und immer so plötzlich. Es ist ja eigentlich „lächerlich", aber sie ist da und sie quält mich unheimlich.

HUNDERTDREIUNDFÜNFZIG

starr und frostig

Manchmal denke ich, ich lebe gar nicht mehr – oder werde eher gelebt, von irgendwem, irgendwas, in jedem Fall nicht von mir selbst, denn ich bin so passiv. Alles ist so stumpf und dumpf und „fliegt" irgendwie an mir vorbei ... – Das passiert mir? Der Macherin? Ich bin doch so eine, die immer voll präsent ist, DA ist, im Sinne von *„Bam, da bin ich!"* Und jetzt dieses Passive, diese „Wurschtigkeit", dieses Starre und Unbeeinflussbare. Es ist befremdlich, wie eine Art Lähmung, fast so, als spüre ich mich selbst nicht, wie eingefroren, als wäre ich nicht da oder zumindest nicht ich. Seltsam.

HUNDERTVIERUNDFÜNFZIG

„Es wird doch wieder, oder?"

Ich berichte meiner Hausärztin von meiner Not, wieder einmal weinend und kaum fähig zu sprechen. Ich berichte, wie schlecht es mir geht, wie sehr mich dieses *„Es wird doch wieder?"* beschäftigt und ob die Tabletten überhaupt nutzen. Sie macht mir Mut, sagt, es dauert, aber sie glaube fest daran, dass ich wieder ganz gesund werde. Außerdem bleibe sie an meiner Seite, so verspricht sie mir. Sie bittet mich um Geduld und darum, nicht aufzugeben. Geduld. Mein neues Lieblingswort. Ich versuche es.

HUNDERTFÜNFUNDFÜNFZIG

Kopf und Bauch

Mir ist kognitiv ganz klar und das sage ich mir immer wieder:

„Marion, das ist nur eine Krise, die du durchwandern musst. Sicherlich hat das auch was Gutes, auch wenn du es jetzt kaum spürst und auch noch nicht weißt wozu und verzweifelt und verzagt bist – DU GEHST AUS DIESER SACHE SICHERLICH GESTÄRKT HERVOR!"

Dieses Wissen ist tief in mir, der Marion, vielleicht eher der Therapeutin Marion, verankert. Wie oft sagte ich das zu meinen Klienten! Und nun sage ich es mir, täglich, immer wieder. Doch gleichzeitig, parallel dazu, holen mich starke Emotionen ein, die mich verzweifeln lassen, mir Angst machen und einreden *„Ich bin am Ende!"*, *„Wie soll das weiter gehen?"*, *„Das nimmt nie ein Ende!"*, *„Ein fürchterlicher Alptraum, ohne Sinn!"*, *„Nicht auszuhalten"* und so weiter. Diese konträren Gedanken, Kognition und Emotion, zerreißen mich innerlich in einem Wechselbad der Gefühle, verursachen Chaos und innere Unruhe.

HUNDERTSECHSUNDFÜNFZIG

Selbstverletzung

Bei Selbstverletzung denken die meisten Menschen sofort ans Ritzen, sich schneiden, sich weh tun, vielleicht sogar bis hin zum Suizid.

Doch es gibt so viele kleinere selbstverletzende Verhaltensweisen: alles, womit man sich selbst schädigt, was man genau weiß, es aber doch nicht sein lassen kann, zum Beispiel Alkohol oder Fingernägelkauen, an den Fingern pulen, bis es blutet ...

Die letzten Tage habe ich immer so eine Unruhe in mir. Ich beiße mir entweder auf der Lippe herum, kaue mir die Fingernägel ab oder ich pule an meinen Fingern vorne an der Haut um die Fingernägel herum alles weg. Ich tue das immer wieder so lange, bis alles wund und offen, zum Teil sogar blutig ist, sich entzündet und weh tut. Es tut dadurch nicht nur körperlich weh, sondern ich schäme mich auch dafür. Denn: Jeder sieht es. Aber es hält mich nicht auf, ständig weiterzumachen. Es ist schon so ein Automatismus, dass ich es manchmal gar nicht wahrnehme. Mein Partner macht mich dann darauf aufmerksam und sagt, ich soll doch aufhören. Das ist ein Moment, in dem ich mich immer fürchterlich schäme, gerade vor ihm. Aber ich kann nicht anders, es kommt wie von selbst. Obwohl ich weiß, wie doof das ist, tue ich es immer wieder, schon fast zwanghaft. Wenn ich mich dabei beobachte, merke ich, dass ich es immer dann tue, wenn ich Spannungen und Unruhe abbauen muss.

HUNDERTSIEBENUNDFÜNFZIG

Krise gemeinsam überstehen

Mein Partner und ich sind nun bald 4 Jahre ein Paar. Kennengelernt hat er mich als eine junge, taffe, starke und erfolgreiche Frau: Therapeutin in leitender Funktion, mehrfache Fachbuchautorin, Referentin und Geschäftsfrau; zudem um einige Kilos leichter. Ich habe immer öfter Angst, er verlässt mich. Mich, die ich nicht mehr die bin, die er kennengelernt hat, sondern dicker, dümmer, weinerlicher und dadurch viel unattraktiver. Dazu kommen noch dieses Fingernägelkauen und Hautzuppeln, die Unruhe, das Zappeln, dieses „ganz-anders-wie-früher-Sein".

Ich liebe ihn und möchte ihn nicht verlieren. Ich hoffe, wir meistern diese Krise rechtzeitig und wachsen noch mehr zusammen. Das ist mein größter Wunsch, begleitet von der ständigen Angst er verlässt mich, weil er es so einfach nicht mehr mit mir aushalten kann. Dabei ist gerade ER auch ein Halt für mich: sein Verständnis, auch für die psychischen Probleme jetzt, sein Zuspruch dafür, die Medikamente zu nehmen und mich behandeln zu lassen. Er ist ein toller Mann, MEINER, DEN

ICH NICHT VERLIEREN WILL, weil er mich hoffentlich auch so weiterhin liebt, so wie ich bin, wenn ich auch derzeit schwieriger bin, anders als sonst.

HUNDERTACHTUNDFÜNFZIG

Wann wurde es nur so dunkel?

Ich kann zwar den Auslöser benennen, nämlich das Mobbing an der Dienststelle und die damit verbundene Lebensenttäuschung, aber wann es begann dauerhaft so dunkel zu werden, wann es begann, sich zu einer schweren Depression zu wandeln, kann ich gar nicht mehr genau sagen. Es war dann irgendwann so, als ob jemand das Licht ausknipste, von jetzt auf gleich. Ich begreife bis jetzt nicht, dass und wann sich mein Befinden so schnell verschlechterte und solche Auswirkungen bis heute hat. Ich fühlte mich irgendwann einfach immer öfter erschöpft, müde, antriebslos, lustlos, desinteressiert, grübelte immer mehr über Gott und die Welt nach. Meine Leistung ließ deutlich nach, ich konnte nicht mehr schlafen, nahm in kürzester Zeit 12 Kilo zu und nahm es nicht einmal so richtig wahr. Ich zog mich immer mehr aus meinem sozialen Leben zurück, blieb immer öfter zuhause, kam am Ende kaum noch aus dem Bett, dabei war ich früher so eine lebenslustige und ständig aktive, vor allem glückliche Marion!

Ich wünschte, ich hätte einen Wunsch frei – dann wünschte ich mir nur eins: Mein altes schönes Lebens wieder zurück! Dann würde ich die Zeit um 231 Tage zurückdrehen.

HUNDERTNEUNUNDFÜNFZIG

Zwei tolle Bücher!

Heute fand ich beim Bummel gleich zwei tolle Bücher – oder fanden diese Bücher eher mich? Ein Büchlein zum Thema Depression kaufte ich für mich *„Mein schwarzer Hund: Wie ich meine Depression an die Leine legte"* von dem Autor Matthew Johnstone. Ein ganz hervorragendes Buch, das auf wenigen Seiten nicht nur den Charakter und die Symptome der Depression beschreibt, sondern auch, wie man aus ihr wieder herausfindet. Es ist sehr anschaulich beschrieben, mit einfachen, aber klaren Worten! Ich habe es heute schon mehrmals gelesen. Es spricht mir aus dem Herzen und während dem Lesen dachte ich *„JA, GENAUSO IST DAS!"*

Und das 2. Buch, welches ich vielleicht wirklich deshalb gefunden habe, weil ich so in Sorge um meine Partnerschaft bin, weil mich die Frage *„Wie lange hält es ein Partner mit einer Depressiven aus?"* beschäftigt, kaufte ich meinem Partner: *„Mit dem schwarzen Hund leben: Wie Angehörige und Freunde depressiven Menschen helfen können, ohne sich dabei selbst zu verlieren."* und sendete es meinem Partner mit einer kleinen Widmung zu.

HUNDERTSECHZIG
Beim „NERVENARZT"

So, nun war der Tag mit dem Termin bei der „Nervenärztin" gekommen. Das war ein Erlebnis für sich! Irgendwie weiß ich auch nicht, was ich davon halten soll. Nach knapp 8 Minuten war das Gespräch vorbei, unterbrochen von einem Telefonat, welches ins Sprechzimmer gelegt wurde, mitten im Satz unterbrochen. Die Sprechstundenhilfe begleitete mich mit nach draußen. Es gab nicht mal mehr eine Verabschiedung. Ich glaubte, ich bin im falschen Film … Inhalt des Gesprächs: Nach einem kurzen *„Wie geht es Ihnen?"* beschrieb ich kurz die Symptomatik, im Nachhinein weiß ich, dass sie unvollständig war, weil ich mich einfach so unter Zeitdruck fühlte und durch die Gedankenstörungen Schwierigkeiten hatte, alle Symptome schnell und zack, zack auf den Punkt zu bringen. Die Ärztin sagte daraufhin: *„Ja also, das Quatschen können Sie sich sparen, was Sie brauchen, das sind Medikamente."* Mit „Quatschen" meinte sie Psychotherapie. Nachdem ich, während sie in den Computer blickte und tippte, nachfragte, ob ich nicht noch einmal therapeutische Begleitung in Anspruch nehmen sollte, sagte sie erneut: *„Wirklich, das Quatschen hat Sie ja nicht weitergebracht, Sie müssen nun medikamentös behandelt werden."* Dabei schrieb sie mir einen Verordnungszettel, erklärte mir weder Diagnose noch Medikamente näher und zack! war ich wieder draußen, praktisch von der Sprechstundenhilfe „abgeführt", weil die Ärztin ein Telefonat annahm. Ich wusste nicht, wie mir geschah. Ich holte aber in dem Ort, etwa 25 km entfernt von meinem Heimatort, die Medikamente, obwohl ich noch nicht mal wusste, ob ich dieses Zeug je nehmen würde. So umging ich aber, das Rezept in meinem Heimatort einlösen zu müssen, was mich wieder sehr beschämen würde. Zuhause dachte ich mir: *„Ich kann doch nicht was nehmen, was am Ende Nebenwirkungen hat. Nächste Woche habe ich drei Vorstellungsgespräche, sollt ich davor überhaupt was ändern?"*

Ich bekam Angst, mir fehlte einfach Aufklärung und fachlicher Rat. Ich vereinbarte bei der Hausärztin einen Termin und ärgerte mich auch darüber, dass ich so doof bin und mich so unaufgeklärt hab wieder „wegschicken" lassen. Sollte ich nun die einzelnen Medikamente googeln, selbst recherchieren? Wie machen das andere Patienten? Schlucken die alles, was sie mitbekommen? Irgendwie war wirklich alles schräg, vor allem diese Nervenärztin, wohl eher Frau-Dr.-Super-Schräg?! Morgen hab ich einen Termin bei meiner Hausärztin und wie ich sie kenne, wird sie das schon richten, wie froh ich um sie bin!

HUNDEREINUNDSECHZIG

Meine Hausärztin – eine Frau-Dr.-Großartig

Ich berichtete meiner Hausärztin von dem mehr als seltsamen Besuch bei der Psychiaterin „Frau-Dr.-Super-

Schräg" und entschuldige mich dafür, dass sie nun wieder die Arbeit mit mir habe. Auch sie war schockiert bis entsetzt, gestand mir aber, dass sie so etwas nicht das erste Mal hört. Wir stimmten die Medikamente ab und entschlossen uns, einen Vorschlag anzunehmen, nämlich ein Medikament zu ändern. Die anderen halte sie jedoch auch für überflüssig, ja sogar übertrieben. Schließlich kennt mich die Hausärztin ja auch seit vielen Jahren; vor der Erkrankung und jetzt mit der Erkrankung, im Gegensatz zur Nervenärztin, die eine Gesprächspsychotherapie *(ganz entgegen meiner menschlichen wie auch beruflich-fachlichen Haltung)* als „sinnloses Quatschen" abtat und mir nach nur wenigen Minuten ohne vernünftige Anamnese viel zu starke Medikamente aufschrieb. Wir beschlossen von Citalopram auf Venlafaxin umzustellen und mit dem *„Gequatsche"* einer Gesprächspsychotherapie in jedem Falle weiterzumachen, weil es mir gut tut. Wieder bin ich dankbar für diese herzliche, empathische Begleitung. Meine Hausärztin ist im Gegensatz zu „Frau-Dr.-Super-Schräg" eine „Frau-Dr.-Großartig" und hat einen Orden verdient.

HUNDERTZWEIUNDSECHZIG

Veränderung

Nach elf Tagen mit den neuen „Psychopillen" hatte ich das Gefühl, etwas ist anders, einfach besser, positiver. Bin das etwa wieder ich? Ich, an die ich mich schon fast selbst nicht mehr erinnern konnte, mich aber so nach mir, meinem „alten ICH" sehnte. Ich fühle mich zunehmend besser, leistungsfähiger. Meine Grundstimmung war irgendwie viel heller. Ich war so dankbar und betete sogleich, dass das nun so bleiben möge – am Besten für immer.

HUNDERTDREIUNDSECHZIG

Meine Erfahrungen mit Venlafaxin 75 mg

Ich bin wirklich erstaunt! Ich erinnere mich ja noch, wie ich mich gegen Citalopram damals gewehrt habe, gegen die Einnahme von Pillen für die Psyche. Das war so unvorstellbar für mich – und jetzt? Jetzt bin ich so froh und dankbar! Rückblickend, wir hatten zunächst mit 35,5 mg Venlafaxin angefangen und sind inzwischen bei 75 mg, bin ich heilfroh. Dass ich sowas mal sage, habe ich auch nicht gedacht. Mir ging es schnell besser, ja fast täglich, und irgendwann war es so, als habe irgendjemand wieder das Licht angeknipst und die graue Brille gegen eine hellere ausgetauscht. Nebenwirkungen hatte ich während der ersten zwei Wochen und lange nicht so schlimm wie anfangs mit dem Citalopram. Ich hatte eher so ein Gefühl, als wäre ich in „Watte gepackt", ein leichtes, luftiges, fast schwebendes Gefühl, ohne dabei nicht mit beiden Beinen auf dem Boden zu stehen. Das verschwand auch wieder und ich wurde immer mehr „ICH", so wie ich war/bin, und wie ich mich mag. Venlafaxin hat mir sozusagen MEIN ALTES LEBEN zurückgeschenkt. So gut ging es mir lange nicht mehr. Wie schön das ist! Wie erholsam es ist, dieses Aufhören der Krankheit! Ich hoffe trotzdem, dass ich irgendwann wieder ohne Medikamente auskommen werde, genau wie früher.

HUNDERTVIERUNDSECHZIG

Mut machende Post

Heute fand ich im Postkasten nicht nur Absagen und Rechnungen, sondern eine schöne Postkarte mit dem Spruch von Erich Kästner drauf „Auch aus Steinen, die dir in den Weg gelegt werden, kannst du etwas Schönes bauen."

Und persönlich stand darauf geschrieben: „Liebe Marion, in diesem Sinne, lass den Kopf nicht hängen, wer weiß, für was diese Krise gut ist, was du aus dieser schweren Zeit noch Wertvolles machen wirst! Vielleicht eine neue Ausstellung?"

Herzlichst deine K.

Mal sehen. Ich hoffe es auch, dass diese Krise für was auch immer gut sein wird – wie auch in der Vergangenheit gerade solche Krisen meine künstlerische Ader „genährt" und „befruchtet" haben.

HUNDERTFÜNFUNDSECHZIG

Psycho-Pillen – (meine) Ablehnung und Vorurteile

Mir geht es wirklich besser, einfach stabiler und diese damit verbundene Dankbarkeit ist unglaublich. Anscheinend weiß man immer erst, wenn man etwas Schlimmes erlebt hat, beziehungsweise dann, wenn es nachlässt, wie dankbar man für seine Gesundheit, sein Wohlbefinden, dieses vermeintlich Selbstverständliche sein sollte. Dabei sind Gesundheit und psychische Stabilität nicht selbstverständlich. Das wird mir nun auch immer bewusster. Im Rückblick bin ich auch den Antidepressiva so dankbar, bin dankbar, dass es heute solche Medikamente gibt. Dabei habe ich sie ja anfänglich so abgelehnt und hatte mit solchen Vorurteilen zu kämpfen. Während ich mir bei rein körperlichen Schmerzen schnell mal eine Schmerztablette einwerfe, wehrte sich nun bei den psychischen Problemen alles in mir. Erst musste ich leiden „wie ein Hund" *(nachdem ich eingesehen hatte, an einer Depression zu leiden, auch das dauerte ja)* und es hat gedauert, bis mich Freunde, Partner, Familie und Ärztin davon überzeugten, dass nur so, aber dafür sehr bald, wieder eine Lebensqualität zu erreichen wäre, wonach ich mich ja so sehnte. Lange dachte ich: *Aber doch nicht mit „Aufhellern"!?* Meine größten Ängste und Sorgen waren:

- Ich werde abhängig.
- Meine Persönlichkeit ändert sich.

Doch beides konnte ich ausräumen und heute bin ich dankbar für die Einnahme der Antidepressiva als eine notwendige, wichtige, vielleicht sogar überlebenswichtige Medikation in dieser schweren Zeit.

HUNDERTSECHSUNDSECHZIG

Berührende Post

Eine langjährige Freundin schrieb mir eine Postkarte.

„Liebe Mali,

ich wollte dir nur kurz rückmelden, wie erleichtert ich bin, dich wieder so fröhlich zu sehen, dich zu erleben, wie du wieder voll ‚da bist', deinen Alltag wieder meisterst und dich wieder für Dinge begeistern kannst. Ich wünsch dir so, dass es weiter aufwärts geht und du dich wieder, wie früher, voller Tatkraft in deine Arbeit stürzen kannst. Ich dachte mir bei unserem Telefonat vorhin: ‚Sie ist wieder da – UNSERE MARION.' Ich war jedoch die ganze Zeit über überzeugt, dass du nur ‚schläfst', wie Dornröschen ☺, dass du diese Krise überwindest! Gehe noch vorsichtig mit deinen Kräften um und pass auf dich auf. Ich bin weiterhin dein Begleiter, wie ein Geländer am Wegesrand, gib mir nur ein Zeichen, wenn du mich brauchst. Deine N.“

Wie schön zu hören und zu lesen, dass da jemand war, die ganze Zeit über, der spürte, wie es mir ging und der an mich glaubte, der glaubte, dass es nur ein Dornröschenschlaf war. Ich bin tief berührt und zutiefst dankbar bezüglich meinem sozialen Netz. Irgendwann mach ich eine Feier, wenn es mir besser geht, und lade all diese Menschen ein, die mich durch diese Krise mit-getragen haben! Nicht zuletzt durch diese Rückmeldungen wird mir erst noch einmal bewusst, wie schlecht es mir wirklich ging…

HUNDERTSIEBENUNDSECHZIG

Achtsamkeit hier und jetzt

Etwa ein halbes Jahr vor meiner Erkrankung habe ich zum Thema Achtsamkeit und bewusst „im Hier und Jetzt leben" einen Artikel für eine Naturheil-Zeitschrift verfasst. Nun muss ich feststellen, dass mir selbst diese gesunde Lebenshaltung verloren gegangen ist. In dem Artikel erklärte ich auch, dass viele psychische Leiden und Erkrankungen dadurch begründet sind, dass wir viel zu viel in Vergangenheits- oder Zukunftssorgen verhaftet sind statt im Hier und Jetzt, wo es meist gar keine Bedrohung gibt. Auch ich war die letzten Monate in Ängsten gefangen: *„Wie wird es weiter gehen?"*, *„Wann werde ich wieder arbeiten können?"*, *„Finde ich eine geeignete Arbeit, die mir auch wieder Sinn schenkt und mich erfüllt?"* Das sind typische Zukunftsängste, begründet durch das Symptom des Grübelns, ein typisches Symptom bei Depression. Ähnlich ging es mir auch mit der Vergangenheit. Wie lange habe ich mir Gedanken gemacht, ja mich mit Gedanken gequält: *„Warum ich?"* oder *„Wie hat das alles passieren* *können?"* und *„Wann ist die Welt, meine Welt so aus den Fugen geraten?"* Jetzt möchte ich mich wieder mehr auf das Hier und Jetzt besinnen, von Tag zu Tag. Auch das wird meiner vollkommenen Genesung helfen, nicht mehr in der Vergangenheit „verhaftet" zu sein, als auch mich nicht in Zukunftsängsten zu verlieren.

Laufe nicht der Vergangenheit nach
und verliere dich nicht in der Zukunft.
Die Vergangenheit ist nicht mehr.
Die Zukunft ist noch nicht gekommen.
Das Leben ist hier und jetzt.

Buddha

HUNDERTACHTUNDSECHZIG

Ab jetzt – (m)ein Entschluss

Jetzt, jetzt fasse ich einen Entschluss. Ich werde mein Leben wieder LEBEN, ich werde achtsam im Hier und Jetzt sein, ich werde die kleinen Dinge im Leben, im Alltag wieder schätzen. Beschlossene Sache!

Ich werde Eis essen, Kaffee trinken, mich wieder verabreden, werde Wein wieder genießen, ich werde Kuchen backen, Tee überbrühen, stundenlang telefonieren, wieder malen, wieder dichten, ich werde gelassener sein, mir den „Buckel runterrutschen lassen", mich nicht mehr so sehr über so vieles ärgern, ich werde mehr an die frische Luft gehen, wieder mehr

Frisches essen, frisch kochen, ich werde mir einen neuen Schal kaufen, öfter bewusst nichts tun, ausgiebig shoppen, werde lesen, werde wieder mehr Postkarten schreiben, ich werde mir tolle Düfte in die Aromalampe geben, mir ein tolles Kleid anziehen, ein gutes Parfüm anlegen, ich werde mich stundenlang ins heiße Badewasser legen, mich massieren lassen, abnehmen, aber trotzdem genießen, ich werde wieder Sex haben, unglaublich schönen, kuscheligen, aber auch heißen hemmungslosen Sex, ich werde ausschlafen, in den Urlaub fahren, ganz laut Musik hören, endlose Spaziergänge machen, die Natur genießen, mein Leben feiern, meine Liebe feiern, meinem Partner sagen und zeigen, wie sehr ich ihn liebe, mit meinen Freunden feiern, mich zum Essen verabreden, mir eine neue Frisur machen, mehr tanzen, zu mir, meiner Lebensgeschichte stehen, auch zur Depression, auch zu Schwächen und Lebenskrisen, werde anziehen, was ich will, nicht „wie es sich gehört“, nicht mehr alles so ernst sehen, auch mal fünfe gerade sein lassen, viel dankbarer sein, öfter mal einen Gang runterschalten, ganz viel Sushi essen, nicht jeden Cent umdrehen, auch mal richtig unvernünftig sein, nicht so streng mit mir selbst sein, die Jahreszeiten bewusster wahrnehmen, ... Ja, das werde ich alles tun! Ich werde wieder lebendig, glücklich, gesund!

Ich werde wieder leben – MEIN LEBEN !

HUNDERTNEUNUNDSECHZIG

ES geht ENDLICH wirklich aufwärts

Stück für Stück geht es nach 256 Tagen nun endlich aufwärts. Meine gesamte Grundstimmung ist viel stabiler, trotz weiteren Absagen in den Bewerbungsverfahren. Ich habe selbst das Gefühl „wieder ICH zu sein" – ein unbeschreiblich gutes Gefühl! Ich bin gut gelaunt, optimistisch und kann mich endlich wieder über das Leben an sich freuen und hoffe und bete, dass es weiterhin so gut aufwärts geht. Ich bin so dankbar dafür! Bei diesen Gedanken merke ich immer wieder, WIE SCHLECHT es mir wirklich ging…

HUNDERTSIEBZIG

Lust an Gesprächen, an Austausch und Freunden

Seit Langem habe ich wieder Lust, mich auf einen Kaffee zu treffen, mit ausgewählten Freunden … und eine, eine Freundin ist eine ganz besondere. Wir treffen uns und obwohl wir uns lange nicht ausgetauscht haben, bedarf es nicht vieler Worte, um uns zu verstehen. Das ist ein so schönes Gefühl, denn dieses „sich-unterhalten-Müssen" oder vielmehr das „ich-kann-mich-selbst-nicht-mehr-jammern-Hören" hatte mich ja solange zurückgehalten, mich selbst mit engen Freunden und Vertrauten zu treffen.

Ein passendes Zitat von Mutter Theresa dazu:

> **„Um Seelen berühren zu können,**
> **brauchen wir das Schweigen.**
> **Worte, die kein Licht bringen,**
> **vergrößern die Dunkelheit."**
>
> Mutter Teresa

HUNDERTEINUNDSIEBZIG

Eine Mail von meiner Freundin

Es ist Vormittag, 11.04 Uhr, während mich eine Mail meiner Freundin aus Wien erreicht.

„Hallo liebe Marion,

ich wollte Dir nur noch sagen, dass ich sehr froh über unser heutiges Telefonat bin. Es war so schön, Dich zu hören.

Wenn ich daran denke, wie verzagt und verwirrt Du vor einiger Zeit noch warst, ein Häuflein Elend am Boden … und jetzt höre ich am anderen Ende der Leitung diese fröhliche, vor Zuversicht und Plänen sprudelnde, muntere, mutige Frau, die mit beiden Beinen fest am Boden steht. Es ist schön, die ‚alte' Marion wieder zu haben! ☺ Alles Liebe, S."

Es ist irgendwie unglaublich, dass meine Lieben um mich herum auch spüren und wahrnehmen, dass es mir so viel besser geht, aber auch wie sie die Phase zuvor erlebt haben, wie sehr sie auch besorgt waren.

Auch dabei wird mir wieder bewusst, wie schlecht es mir ging. Und ich bin dankbar. Ich bin dankbar dafür, dass es mir jetzt wieder gut geht, ich wieder ich bin, mich wieder spüre, endlich, wie sie mir auch schrieb, wieder „die alte Marion" bin. Einfach schön!

HUNDERTZWEIUNDSIEBZIG

Neue Sinn-Ausrichtung

Immer wieder denke ich über den Sinn des Lebens nach. Immer und immer wieder. Doch er verändert sich; die Fragen und der Blick darauf verändern sich:
Welchen Sinn hat mein Leben?
Welchen Zweck erfüllt mein Leben?
Wozu bin ich hier?
Was genau rechtfertigt meine Existenz?
Um reicher zu werden?
Schlanker zu sein?
Gesunder? Attraktiver?
Nein, wirklich nicht!!!
Wozu auch? Und für wen?
Wir alle stellen uns mal diese Frage(n), gerade auch in besonders in schwierigen Zeiten, worin der Sinn unseres Lebens besteht.
Auch ich stelle mir diese Fragen seit jeher. Diese Fragen waren oft DER Grund für meine Kreativität, ob fürs Malen oder Schreiben. Solche Lebens- und Sinnfragen haben mich also immer schon umgetrieben. Aber jetzt, jetzt ist es anders, es ist eine QUAL! Diese

Sinnsuche quält mich, die Fragen drängen sich mir auf und ich weiß keine Antworten …

In dem heutigen Telefonat sagt meine Freundin mir: *„Marion, wenn du keinen Sinn hast, dann weiß ich auch nicht mehr weiter!“* Und sie begann aufzuzählen: *„Du hast mit 33 Jahren nun mehrere Fachbücher geschrieben, Artikel für namhafte Magazine und Zeitschriften, hast einen tollen Job, bist ne tolle Frau mit tollem Partner. Setztest dich für Menschen ein …“*

„Aber, wende ich ein …“

„Nix aber, Marion!“, unterbricht sich mich. *„Ich bitte dich, nimm es einfach mal so. Du bist super! Genau deshalb mag ich dich! Weil du eben genau so bist – und genau das, wie du bist, das gemeinsame Sein, übers Leben Nachdenken mit dir, gibt mir beispielsweise Sinn.“*

Ich spürte, wie es in mir ruhiger und friedlicher wird. Richtig, auch sie gibt mir Sinn, meine Partnerschaft, und so weiter …

Alles wird gut – auch wenn es noch ein wenig dauert, es wird ja eh schon besser – UND – sie hat Recht!

Ich hab eigentlich ein tolles Leben. Und bald ist dieses EIGENTLICH hoffentlich nicht mehr in diesem Satz zu finden.

HUNDERTDREIUNDSIEBZIG

IRGENDWIE ist alles anders – plötzlich

Plötzlich ist alles anders, es geht aufwärts! Ich hab seit heute Morgen das Gefühl, JETZT WIRD ES BESSER, warum auch immer.

Das war ja schon anders. Ganz anders. Ich verabrede mich mit einer Freundin zum Kaffeetrinken und bin schon fast etwas „euphorisch", weil ich so glücklich und dankbar bin, dass ich mich so wohl, so gut fühle, dass ich das Gefühl habe, es wird nun endlich und dauerhaft (nicht nur einen Tag) besser. Ich frage mich: Werde ich nun wieder gesund, wieder ganz gesund? Wird nun endlich alles gut? So fühlt es sich jetzt gerade an. Ich genieße den Vormittag mit meiner Freundin. Schon lange hatte ich keine so unbeschwerten, schönen Stunden.

HUNDERTVIERUNDSIEBZIG

„Alles hat seine Zeit"

Offensichtlich hat *„alles seine Zeit"*, denn plötzlich erhalte ich auch positive Antworten auf meine Bewerbungen und einige Einladungen zu Vorstellungsgesprächen – endlich. Auch bei diesem Thema hab ich irgendwie das Gefühl, die „Starre" löst sich. Es tut sich was. Da fällt mir der Text aus der Bibel ein, den ich ebenfalls schon oft am Sterbebett im Rahmen einer Begleitung vorgelesen habe.

Alles hat seine Zeit *aus der Lutherbibel Kohelet*
Ein Jegliches hat seine Zeit
und alles Vorhaben unter dem Himmel hat seine Stunde:
geboren werden hat seine Zeit, sterben hat seine Zeit;
pflanzen hat seine Zeit, ausreißen, was gepflanzt ist, hat seine Zeit;
töten hat seine Zeit, heilen hat seine Zeit;
abbrechen hat seine Zeit, bauen hat seine Zeit;
weinen hat seine Zeit, lachen hat seine Zeit;
klagen hat seine Zeit, tanzen hat seine Zeit;
Steine wegwerfen hat seine Zeit, Steine sammeln hat seine Zeit;
herzen hat seine Zeit, aufhören zu herzen hat seine Zeit;
suchen hat seine Zeit, verlieren hat seine Zeit;
behalten hat seine Zeit, wegwerfen hat seine Zeit;
zerreißen hat seine Zeit, zunähen hat seine Zeit;
schweigen hat seine Zeit, reden hat seine Zeit;
lieben hat seine Zeit, hassen hat seine Zeit;
Streit hat seine Zeit, Friede hat seine Zeit.

Mir kommt der Gedanke, vielleicht ist da was dran? Vielleicht hatte diese schwere Zeit, das letzte Jahr „seine Zeit" – und jetzt, jetzt hat das „Alles-wird-gut", „Jetzt-geht's-bergauf" seine Zeit? Diese Gedanken machen mir Mut und ich rufe direkt bei den Stellenangeboten zurück und bewerbe mich weiter, fasse neuen Mut, denn alles wird wieder gut!

HUNDERTFÜNFUNDSIEBZIG

Berührende Begegnung mit meiner Hausärztin

Als ich mir heute ein weiteres Rezept Venlafaxin holte, fragte mich meine Hausärztin, wie es mir ginge und ob ich die Medikation gut vertrage. Ich bejahte und berichtete, ich hätte das Gefühl, als habe nun eeeeendlich über Nacht, so plötzlich wie alles damals begann, irgendjemand wieder das Licht und damit auch mich ANGEKNIPST und dass ich dafür so unglaublich dankbar bin. Sie freute sich sichtlich, lächelte, sagte so etwas wie „Schön!", aber viel wichtiger war, dass es mich berührte. Mich berührte ihre so spürbare ehrliche Freude, ihr Mitgefühl. Das war ein berührender Moment, der mich auch noch einmal so dankbar für das JETZT, für die guten Gefühle, für das Nachlassen der Depression von mir und für ihre so unglaublich gute, achtsame Begleitung in dieser schweren Zeit machte.

HUNDERTSECHSUNDSIEBZIG

Das Leben ist schön!

Diese Worte, das Gefühl „das Leben ist schön", haben mir so lange gefehlt. Es ist so schön, wieder Lebensfreude zu spüren, wieder Lebensqualität zu erfahren und zu erleben. Lange Zeit konnte ich das nicht sagen, wollte SO, wie es war, gar nicht mehr leben. Auch wenn ich nie wirklich suizidal war, ich fand das Leben ganz und gar nicht mehr schön, manchmal eben echt grauenvoll und nicht mehr lebenswert …

Das Leben ist schön

Das Leben ist schön
Einfach schön
Schön, dass es mich gibt
Schön, dass es dich gibt
Schön, die warmen Sonnenstrahlen
Schön, wie die Vögel zwitschern
Schön, die Farben der bunten Blumenwiese
Schön, das saftige Grün der Wiese
Schön, der Duft der Blumen
Schön, die Tautropfen auf dem Gras
Schön, einfach schön

Das Leben ist schön
Einfach schön
Schön, dass ich diese Schönheit
wieder sehen kann und darf.

Marion Jettenberger

HUNDERTSIEBENUNDSIEBZIG
Gewissheit – ALLES WIRD GUT

Woher auch immer, aber ich bin heute Morgen aufgestanden und hatte die Gewissheit: MARION, JETZT WIRD ALLES GUT. Völlig unbegründet, warum oder durch was und so plötzlich, aber ich war mir dessen sicher. Die letzten Nächte habe ich gut geschlafen. EIN und DURCH. Ich bin nicht mehr so müde, viel wacher, ja irgendwie einfach „gut drauf“ und wieder ich. Dieses „wieder-ich-Gefühl“ ist für jemand, der noch keine Depression erlebt hat, wohl kaum nachvollziehbar, etwas, was ich mir im Traum hätte nie vorstellen konnte. Aber jetzt, jetzt wird ALLES GUT.

HUNDERTACHTUNDSIEBZIG

Wie neu geboren!

Ich kann wieder lesen, ich springe wieder aus dem Bett, dusche, koche, wasche ... und es geht mir alles wieder leicht von der Hand. Alles ist viel leichter. Ich „funktioniere“ wieder. Aber viel mehr noch: Ich funktioniere nicht nur, sondern verschlinge sogar auch ein Buch nach dem anderen! Ich lebe wieder, freue mich wieder, fühle, spüre, liebe und begeistere mich wieder – ja! Es ist so wie „NEU GEBOREN“!

HUNDERTNEUNUNDSIEBZIG

Steh-auf-Frauchen

Jetzt erst, nachdem es mir nun schon einige Tage viel besser geht und ich „stabil“ bin, wird mir wieder bewusst, wie „schlimm“ das alles wirklich war. Meine Wahrnehmung war wohl getrübt. Irgendwie hab ich mich nur von einem Tag zum anderen gequält, jegliches Zeitgefühl verloren, nicht wahrgenommen, wie arg alles ist, zumindest nicht in diesem Ausmaß. Vielleicht kann man das auch wirklich erst im Nachhinein sehen, verstehen und be-werten, aber das ist wahrscheinlich gut so. Und da bin ich wieder, das **Steh-auf-Frauchen**, an das ich selbst nicht mehr geglaubt hatte, das solange weg war, mich verlassen hatte.

HUNDERTACHTZIG

Schreiben als Heilmittel

Schreiben, um meine Gedanken zu ordnen, Gefühle zum Ausdruck zu bringen, die man so nicht sagen kann, hat mir schon immer geholfen; sei es beruflich, um etwas für mein Klientel zu verbessern, als auch privat, meine eigenen Themen niederzuschreiben. Auch jetzt, diese Krise über, tat es mir gut, vor allem nachts, wenn ich vor lauter Grübelei nicht schlafen konnte, diese Gedanken festzuhalten, sie mir „von der Seele zu schreiben“. Während dem Schreiben setzte dann direkt so ein Prozess des sich-Beruhigens, des Wort um Wort, Zeile um Zeile immer mehr los-lassen-Könnens der Grübel-Themen ein. Eine heilsame, gute Erfahrung. Auch gewann ich auf diese Weise, währenddessen und auch im Rückblick, durch das Reflektieren und Ordnen (äußerlich wie innerlich) meiner Notizen, Briefe, Postkarten, Ausdrucke, medizinischen Broschüren und Gesprächsprotokolle wertvolle Einsichten und Aha-Erlebnisse. Selbst als ich diese ganzen Tagebuchnotizen nun für den Verlag eintippte, hatte ich das Gefühl, Buchstabe für Buchstabe, Wort um

Wort immer noch heiler und immer noch dankbarer zu werden.

HUNDERTEINUNDACHTZIG

„Eingebettet“ in mein soziales Netz

Nie zuvor war mir klar, welch gutes soziales Netz, welch tolle Verbindungen und Kontakte ich habe. Ohne dieses Gefühl, zu wissen wer mir womit weiterhelfen kann (oder könnte), wen ich fragen oder bitten könnte, den intensiven Kontakt zu meinem Vater, zwei guten Freundinnen, beide selbst im therapeutischen Kontext tätig, zwei meiner Tanten, einem Onkel, etlichen Bekannten und Fachleuten, nicht zuletzt meinem Partner, hätte ich diese Zeit vermutlich nicht überlebt. Sie haben mir wirklich „das Leben gerettet“. Außerdem habe ich die Erfahrung machen dürfen, dass sie keinen Dank erwarten für all das, was sie für mich getan haben – auch wenn ich immer gleich das Bedürfnis verspürte, meinen Dank zum Ausdruck bringen zu müssen. Und noch eine wunderbare Erfahrung machte ich: Die, die ich „eingeweiht hatte“ in das, „was mit mir los ist“, schauten mich nachher nicht anders an als vorher, keiner schaute mich schief an oder hatte auch nur eine abfällige Reaktion gezeigt, im Gegenteil, sie fanden es zum Teil sogar sehr mutig, wie ich mich zurückkämpfte, wie offen ich mich mit diesen schwierigen Themen auseinandersetze.

HUNDERTZWEIUNDACHTZIG

Therapeut „Dr. Google"

In so mancher Not, so wie heute, recherchierte ich auch im Internet (wo ich doch meine eigenen Klienten immer davor warnte, beziehungsweise versuchte zu (be)schützen) und fand neben jeder Menge „Schrott" auch viele hilfreiche, sozusagen „seriöse Seiten". Auf den Seiten von
http://www.deutsche-depressionshilfe.de/ sowie
http://www.buendnis-depression.de/ fand ich etliche hilfreiche Broschüren, Infos, Buchtipps und so weiter. Grundsätzlich empfand ich es als hilfreich und heilsam, mich auch ganz theoretisch mit dem Thema Lebenskrise und Depression zu beschäftigen, mich zu informieren, und dadurch meine Erkrankung und alles, was dazugehört, „selbst in die Hand zu nehmen". Auch wenn ich genügend therapeutisches Fachwissen durch meine zahlreichen Qualifikationen und meine Berufserfahrung mitbringe, in diesen hilflosen Momenten bin ich nur Patientin, nicht Fachfrau. So bestellte ich mir weiteres Info-Material bei der deutschen Depressionshilfe und kam dadurch zu vielen neuen Erkenntnissen.

HUNDERTDREIUNDACHTZIG

Eine wichtige Begleiterin – Frau-Dr.-Großartig

Ein großer Dank gilt meiner Hausärztin, die mich so geduldig, empathisch und fachlich begleitet hat – einfach eine Klassefrau! Großartig! Frau-Dr.-Großartig eben! Sie nahm mir meine Vorurteile, klärte mich darüber auf, dass ich nicht die einzige Betroffene bin, es eine Volkskrankheit sei, vor allem aber, dass es nichts ist, wofür ich mich schämen müsse. Sie ermahnte mich sogar, dass ich das doch selbst wissen müsste, um dann am Ende des Gesprächs gemeinsam festzustellen, dass man auch als Fachfrau, als noch so gute Therapeutin in solchen Lebenssituationen selbst dringend Beratung, Begleitung und einer professionellen Therapie bedarf. Auch der Professor „XY" wird in einer Depression zum Patient und muss zur Behandlung einen Kollegen aufsuchen. Man kann sich einfach nicht selbst behandeln. Das eigene Fachwissen nützt einem dann überhaupt nichts. Weiter versicherte sie mir in unzähligen empathischen Gesprächen, daran zu glauben, dass ich wieder gesund werde, dass ich selbst daran glauben soll, dass es mir bald besser gehen wird. Sie half mir auch, meine Haltung und anfängliche Abwehr gegen Antidepressiva zu relativieren. Sie klärte mich darüber auf, dass die Einnahme von Antidepressiva keine „leichtfertige Ausflucht" für meine Schwächen sei, welche vielleicht die Symptome lindern würde und meine tieferen inneren Konflikte und den Auslöser für all dies nicht klären oder heilen würde. Weiter sagte sie mir, dass viele Menschen die Vorstellung haben, auch durch falsche Berichterstattung in Medien, es handle sich bei Antidepressiva um unnötige Medikamente, die zudem auch noch süchtig machen oder die Persönlichkeit verändern würden. Doch beides sei nicht der Fall. Ich bin mir sicher, dass ich mein nun wieder funktionierendes, lebendiges und glückliches Leben auch und vor allem der behutsamen menschlichen und fachlichen Begleitung meiner Hausärztin zu verdanken habe.

HUNDERTVIERUNDACHTZIG

Für was es gut war …

Lange hat es gedauert, bis ich wusste, für was das alles gut war, welchen Sinn diese Krise für mein Leben hat. Zu lange war ich geschockt, dass so etwas furchtbares, diese ewige „ungelebte", „nicht-lebendige" Lebenszeit mir passiert und dann tatsächlich noch für etwas gut sein soll. Und doch, ich bin so sehr viel dankbarer wie vor meiner Krise, dieser Lebensenttäuschung und der darauffolgenden Depression. Das alles führte zu einer Art Bewusstseins- und Haltungsveränderung. Mir war nicht klar, dass ich vorher undankbar war und trotzdem bin ich jetzt so unglaublich DANKBAR, tief in mir drin, diese Krise „überlebt" zu haben und so, eben wieder ALS ICH selbst und irgendwie gereift, ja gestärkt, daraus hervorzugehen. Und heute bin ich dankbar für jeden neuen Tag – ein unbeschreiblich gutes Gefühl!

Dankbarkeit

Dankbar sein
Dankbar sein können
Dankbarkeit empfinden können
Dankbar sein dürfen

Dankbar, denn ich kann gehen
Schritt für Schritt
Dankbar, denn ich kann sehen
Farbe um Farbe
Dankbar, denn ich kann fühlen
Gefühl um Gefühl
Dankbar, ich darf leben
Tag für Tag
Dankbar, ich darf sein
Augenblick für Augenblick

Marion Jettenberger

HUNDERTFÜNFUNDACHTZIG

Jeder Tag ist kostbar

Diese Lebenskrise hat mir wieder die Augen geöffnet. Ich kann mich wieder an den kleinen Dingen des Lebens erfreuen. Ich bin so dankbar dafür, dass es mir wieder besser – gut – geht, dass ich die frische Luft, die Sonnenstrahlen und die Farben der Natur wahrnehme und mich an ihnen erfreue. Lange habe ich Düfte, die Geräusche der Natur, des Lebens, draußen auf der

Straße das Vogelgezwitscher und das Lachen der Nachbarskinder nicht mehr so intensiv wahrgenommen wie jetzt! Alles wird plötzlich wieder zu einem Geschenk. Jeder Tag wird zu einem kostbaren Geschenk. Jeder neue Morgen in meinem Leben zählt! Ich begegne dem Leben „wie neu geboren", dankbar für alles, was es mir noch so bringen und schenken wird (nur bitte, bitte so schnell keine Krise wie diese!).

HUNDERTSECHSUNDACHTZIG

Geduld & Zeit

Geduld war vor meiner Erkrankung eher ein Fremdwort für mich. Jetzt war ich aber gezwungen, mich in Geduld zu üben. Es half nichts, diese Zeit der Depression, mit all ihren Symptomen, dauerte ihre Zeit. Es war weder steuerbar noch zu stoppen oder zu beschleunigen. Wie wahnsinnig machte mich das an manchen Tagen! Auch die Wirkung der Medikamente, bis das passende Medikament für mich gefunden war, oder auch auf einen Termin beim Facharzt zu warten, wurden zur Geduldsprobe. Ich musste lernen zu warten, dem Ganzen Zeit zu geben, ob ich wollte oder nicht. Jede Depression geht zwar irgendwann vorbei, doch wann, das weiß man nicht und das macht es auch so schwer, sich in Geduld und Gelassenheit zu üben, wenn einen doch ständige Unruhe plagt. Meine Hausärztin mahnte mich sogar zur Geduld, weil ich am Anfang immer noch dachte, so lange kann das ja nicht dauern und nachfragte, ja sogar drängelte: „Das wird doch bald wieder?“ oder „Wie lange wird es dauern?“ Darauf sagte sie mir immer wieder, dass es nun mal kein Schnupfen sei und dadurch nicht absehbar sei, wie lange es dauere.

Auch wenn jede Depression irgendwann vorübergeht, ist nicht gewiss, dass sie nicht wiederkommen kann. Laut einer Studie der Psychotherapeutenkammer NRW erkranken 50 Prozent der Depressiven erneut an einer depressiven Episode. Außerdem sterben davon 15 Prozent der Patienten mit schwerer Depression am Suizid. Es ist traurig, wenn man bedenkt, dass sich viele Menschen, noch bevor sie gesund werden, weil sie ihre Depression, ihr Da-Sein, die Sinn- und Hoffnungslosigkeit, Schlafstörungen und so weiter oft nicht mehr aushalten können, suizidieren. Ich bin überzeugt davon: Jede Depression kann vorübergehen, wenn der Erkrankte rechtzeitig ernst genommen wird und Hilfe bekommt. Die Fachärzte sind sich einig, dass die Dauer einer depressiven Episode durch eine Behandlung deutlich verringert werden kann und dass auch das Risiko, an einer weiteren depressiven Episode zu erkranken, minimiert wird.

HUNDERTSIEBENUNDACHTZIG

Was hat sich noch verändert?

ICH LEBE WIEDER ist ein Gedicht, welches aus dem Herzen heraus direkt aufs Papier musste:

Ich lebe wieder
mit Haut und Haar
bis in die letzte Faser

In mir ist es wieder hell
die Dunkelheit ist wieder weg
Licht und Lebensfreude überall
tiefe Dankbarkeit durchströmt mich
durchströmt Körper und Seele
erfüllt jede Zelle in mir warm und positiv
Dankbarkeit für jeden Augenblick
Dankbarkeit für mein Leben
für mein Sein und die Lebendigkeit

Ich lebe wieder
mit Haut und Haar
bis in die letzte Faser

Marion Jettenberger

Insgesamt bin ich demütiger, dankbarer und gelassener. Es hatte alles einen Sinn, auch wenn er sich mir noch nicht ganz erschließt.

HUNDERTNEUNUNDACHTZIG

Zum Sterben nicht gereicht …

Was ist, wenn mir das Leben so sinnlos scheint, dass ich so nicht mehr leben will, es zum Sterben aber irgendwie auch noch nicht reicht? Diese Gedanken an das Sterben oder dieses *„Ich kann nicht mehr!“*, *„Ich will nicht mehr!“*, *„Ich halte das nicht mehr aus!“* oder *„So kann und will ich nicht mehr weiterleben!“* sind Gefühle, Nöte, Gedanken, die mir in meiner Krankheit oft begegneten. Diese Gedanken und Gefühle tauchten einfach auf, wie aus dem Nichts. Sie kamen immer wieder von alleine und waren dann einfach da; gerade in Zeiten, in denen ich so verzweifelt war, dass ich (scheinbar) keinen Ausweg mehr wusste. Das war immer dann der Fall, wenn ich glaubte, es wäre eine Lösung „nichts-mehr-zu-spüren“ oder gar ganz Ruhe und Frieden (im Tod) zu finden. Die Gedanken kamen und gingen, doch parallel dazu war mir immer klar, STERBEN will ich eigentlich auch nicht, nur weil mein Leben jetzt gerade (wenn auch schon so lange) unerträglich ist. Und gottlob hat es zum Sterben „irgendwie“ nicht gereicht, denn jeder Tag, jede Stunde, jede Minute, jeder einzelner Augenblick ist so unendlich kostbar! Dessen bin ich mir heute wieder gewiss und dankbar dafür. Seither gebe ich wieder jedem Tag die Chance, der schönste oder sagen wir zumindest ein weiterer schöner und kostbarer Tag zu werden, ganz nach Mark Twains Zitat: *Gib jedem Tag die Chance, der schönste deines Lebens zu werden.*

Nachworte – abschließende Gedanken

Warum dieses Buch? Mahatma Gandhi sagte einmal:
„Sei Du selbst die Veränderung, die Du Dir wünschst für diese Welt."
Genau DESHALB! Deshalb entschied ich mich für dieses Buch, auch auf die Gefahr hin, dass künftige Klienten, Patienten oder Arbeitgeber mir gegenüber sitzen und intime Details einer Lebenskrise von mir kennen und sich dann insgeheim denken *„Die war ja auch depressiv!"* oder *„Die schluckte ja selbst Psycho-Pillen!"* Na und?
So entspannt sah ich das am Anfang jedoch nicht. Ich zweifelte: Sollte ich es nicht doch lieber unter einem Pseudonym veröffentlichen? Letztlich war aber genau dieses „Dazu kann ich stehen!" ein heilsamer Prozess, also offen zu der Erkrankung zu stehen, also nicht mehr „so-zu-tun-als-ob", sondern ehrlich und aufrichtig mit mir selbst und meinen Mit-Menschen zu sein, offen zu Lebenskrisen und psychischen Erkrankungen zu stehen. Wie sehr habe ich mich während meiner Erkrankung nach genau so einem Selbsterfahrungsbericht oder guten Ratgeber gesehnt, einem Buch, welches mich aufklärt und gleichzeitig vermittelt „Du bist nicht alleine!" Zu wissen, ich hab mindestens einen Gleichgesinnten, hätte mir geholfen, jemanden, der mich versteht, der genau weiß, wie es einem in der Depression, in der Krise geht.

Auch wenn ich das als Fachfrau weiß, in dem Moment bin ich Patientin, nicht Fachfrau, und es tut mir gut, Berichte von Gleichgesinnten zu lesen.
Also sollte ich, wie im Zitat von Mahatma Gandhi, vielleicht selbst meinen Beitrag dazu leisten, um genau die Veränderung für die Welt zu sein, die ich mir von ihr wünsche. Und ich wünsche uns allen, vor allem unserer Gesellschaft, viel mehr Toleranz und Verständnis (nicht nur) für Menschen mit psychischen Erkrankungen wie Depression, Burnout, Psychosen, sondern auch Verständnis für Lebenskrisen und Ähnliches, für mehr Toleranz, Empathie und Miteinander in unserer Gesellschaft – auch ganz allgemein.

In diesem Sinne, herzlichst Ihre

Marion Jettenberger

Kontakt zur Beratung, Begleitung, für Lesungen und Vorträge:
marionjettenberger@gmail.com

DANK

Ich danke allen Menschen, die mich begleitet haben, meinen Weg-Begleitern in dieser schweren Zeit. Ohne eure Briefe, eure Herzlichkeiten und Gesten, den Gesprächen mit euch, euren Zuspruch, vor allem euer „an-mich-Glauben“, euer „an-mich-Denken“ – wo wäre ich da heute …? Ihr hattet stellvertretend für mich die Hoffnung und den Glauben daran, dass es wieder wird, wie es einmal war. Eure Hoffnung hat mich durch diese Krise, durch diese 267 Tage „getragen“. Von Herzen DANK!

Weiter danke ich Frau Manuela Kinzel, die mit mir gemeinsam dieses Buch-Projekt verwirklichte. Vielen lieben Dank für Ihr Engagement, Ihre Geduld und Ihr achtsames Lektorat.

Buchempfehlungen

Ich nehme mir mein Leben

7 Wochen zwischen lebenssatt und lebenshungrig

von Marion Jettenberger

In ihrem vorigen Buch '267 Tage Seelenkollaps' sowie diesem 'Ich nehme mir mein Leben, 7 Wochen zwischen lebenssatt und lebenshungrig' schreibt sie sich Wort für Wort, Zeile um Zeile ihre durchlebte Depression und darauffolgende suizidale Krise förmlich von der Seele. Schonungslos, unverschämt und offen beschreibt sie ihre Erlebnisse. Sie hat das Ziel, die gesellschaftlichen Vorurteile, wie beispielsweise „die ist doch bekloppt“, wegzuräumen. Sie ruft zu mehr Toleranz gegenüber psychischer Erkrankung auf. Zeitgleich schenkt sie mit ihrem Erfahrungsbericht vielen Betroffenen eine Stimme und macht ihnen Mut, ebenfalls ihr Leben in die Hand zu nehmen und zu genießen. Letztendlich spricht sie auch alle Nicht-Betroffenen an, denn woher wollen wir wissen, ob wir morgen nicht schon selbst betroffen sind, oder einer unserer lieben Angehörigen?“

*12,9x18 cm * 108 Seiten * Softcover*

*ISBN 978-3-95544-898-1 * 9 €*

Serie „Sprechstunde“ von Marion Jettenberger

Demenz * 111 Fragen & Antworten

Die Diagnose Demenz belastet den Erkrankten sowie den Angehörigen und wirft viele Fragen auf. Betroffene, Angehörige, Betreuer, Interessierte werden über das Krankheitsbild informiert; Themen wie Symptomatik, Diagnosestellung, Verlauf, Prognose, Therapieformen, Behandlungsmöglichkeiten u. viele Tipps von der erfahrenen Demenzberaterin.

*Taschenbuch * 156 Seiten * ISBN 978-3-95544-047-3 * 10 €*

Depression * 111 Fragen & Antworten

Menschen mit Depression haben oft das Gefühl, mit ihrer Erkrankung völlig alleine zu sein, obgleich sie so viele offene Fragen haben. Das Buch klärt Betroffene, Angehörige und Interessierte über das Krankheitsbild auf und widmet sich u.a. Fragen zum Verlauf, Ursachen, Symptomen, Schweregrade, Behandlungsmöglichkeiten ...

*Taschenbuch * 128 Seiten * ISBN 978-3-95544-062-6 * 10 €*

Sterben, Tod & Trauer * 111 Fragen & Antworten

Mitten im Leben denkt kaum eine/r an Themen wie Sterben, Tod & Trauer; die Erkrankung naher Angehöriger oder Freunde konfrontiert uns von jetzt auf gleich mit diesem sensiblen Thema, wirft viele Fragen auf. Die Autorin beantwortet 111 Fragen aus ihrer täglichen Beratungstätigkeit als erfahrene Trauer- u. Sterbebegleiterin und Palliativfachkraft.

*Taschenbuch * 122 Seiten * ISBN 978-3-95544-071-8 * 10 €*

Porträtfoto: Steffen Hecker

Impressum:

Manuela Kinzel Verlag
73037 Göppingen * 06844 Dessau
Tel. 07165 / 929 399

info@Manuela-Kinzel-Verlag.de
www.Manuela-Kinzel-Verlag.de

3. Auflage, 2017

ISBN 978-3-95544-039-8